财务管理理论与实践研究

王　雅◎著

中国纺织出版社有限公司

图书在版编目（CIP）数据

财务管理理论与实践研究 / 王雅著 . -- 北京：中
国纺织出版社有限公司，2023.4

ISBN 978-7-5229-0202-9

Ⅰ.①财⋯ Ⅱ.①王⋯ Ⅲ.①财务管理－研究－中国
Ⅳ.① F275

中国版本图书馆 CIP 数据核字（2022）第 253314 号

责任编辑：邢雅鑫 责任校对：高 涵 责任印制：储志伟

中国纺织出版社有限公司出版发行

地址：北京市朝阳区百子湾东里 A407 号楼 邮政编码：100124

销售电话：010—67004422 传真：010—87155801

http://www.c-textilep.com

中国纺织出版社天猫旗舰店

官方微博 http://weibo.com/2119887771

三河市延凤印装有限公司印刷 各地新华书店经销

2023 年 4 月第 1 版第 1 次印刷

开本：710×1000 1/16 印张：12.25

字数：213 千字 定价：89.90 元

随着经济全球化的发展，现代会计理论越来越趋于完善，并且影响着我国市场经济的发展。财务会计需要不断地完善和总结经验，并服务于社会经济的发展。随着我国社会主义经济的快速发展，现代财务会计理论的发展也应当与时俱进。本书以我国会计发展的基本情况为分析基础，通过结合网络时代发展背景和现实情况，对未来的现代财务管理进行趋势判断和发展分析。随着经济全球化的快速发展，现代财务会计也应当与时俱进，不断更新知识、更新模式、更新思维，从而符合我国社会主义市场经济的发展情况。总之，要创新和改革财务内部管理，以推动我国财务会计工作的有序性和可持续发展，促进我国社会主义市场经济的健康发展。

财务管理是一项涉及面广、综合性和规律性极强的学科，它是通过价值形态对资金运动进行决策、计划和控制的综合性管理，旨在实现企业价值最大化和股东财富最大化。财务管理专业旨在培养具备财务管理、会计、管理学、经济学与法学方面的能力与知识，具备手工核算、会计信息系统软件应用能力、资金筹集能力、报表分析能力等，能在跨国公司、企业集团、银行和证券公司等单位以及政府部门、高等院校和科研单位从事财务管理实务、教学和科研工作的应用型、融通性和具有国际视野的高级专业人才。

财务管理确保企业的正常运营和发展壮大，从而更进一步推动我国经济更好的发展，以此来适应时代的发展。目前市场需要财务管理方面的人才。大学生在学校可以有完备的知识学习过程，在校期间多和在财务管理方面有着优势的老师同学交流。无论在什么行业，热爱都十分重要，做事的时候要竭尽全力去做，面对困难不难逃避，要迎难而上。

　　为了提升本书的学术性与严谨性，在撰写过程中，笔者参阅了大量的文献资料，引用了诸多专家学者的研究成果，因篇幅有限，不能一一列举，在此一并表示最诚挚的感谢。由于时间仓促，加之笔者水平有限，在撰写过程中难免出现不足的地方，希望各位读者不吝赐教，提出宝贵的意见，以便笔者在今后的学习中加以改进。

作　者

2022 年 5 月

目　录

第一章　财务管理总论

第一节　财务管理概述

一、财务管理的内涵与特征

（一）财务管理的内涵

财务管理是指在总的目标下，对资产的购买（投资）、资本的融通（筹资）、经营中的现金流（流动资本）、利润的分配等方面的管理。它是企业经营中的一项重要内容，是依照金融法律法规、财务管理的基本原理，对公司进行财务管理。企业的财务行为是资本在企业再生产中的流动；财务关系是指企业与其他经济组织之间的经济利益联系，是通过企业资本流动而产生的。

（二）财务管理的特点

1．涉及面广

首先，从企业内部来说，企业的财务管理涉及企业生产、供应、销售等各个方面，企业内部并没有出现与资金脱节的情况，各个部门都要接受财务指导，并在合理使用资金、减少成本支出、提高资金使用效率等方面进行监督和制约。同时，企业的财务管理也为企业的生产、营销、质量、人力资源管理提供了及时、准确、完整、连续的基础信息。此外，现代企业的财务管理还涉及各种不同的外部关系，其中包括企业与股东、债权人、政府、金融机构、供应商、员工等之间的关系。

2．综合性强

现代企业管理是一个由生产管理、市场营销管理、质量管理、技术管理、设备管理、人事管理、财务管理、物资管理等子系统共同组成的综合管理体系。当然，其他管理都是从一定的角度来组织、协调和控制企业的某个部分，而这些部分所产生的管理效应，仅仅是在企业的部分生产和运行中发挥作用，而无法对整个企业的运作进行有效的管理。而财务管理则是一种价值管理，包括筹资管理、投资管理、权益分配管理、成本管理等多方面的管理。由于是价值管理，因此，财务管理能够及时、全面地反映出商品的经营状态，并以价值管理的形式对商品进行管理。因此，企业内部管理要从财务管理入手，从价值管理来协调、促进、控制企业的生产经营活动。

3. 灵敏度高

在现代企业制度下，企业既是一个独立的法人组织，又是一个市场竞争的组织。现代企业制度要求企业资本实现保值和增值，其决定了企业经营管理的目标——获得最大的经济效益。企业要生存，就必须能够以收抵支，到期偿债。企业要发展，就必须要增加收入。增加收入的同时企业也要增加人、财、物，这些增加都会通过资金的流动而充分地体现在企业的财政状况中，从而对实现财务目标有很大的影响。所以，财务管理是一切经营的根本，做好财务管理，就是抓住了"牛鼻子"，把管理工作落到实处。

二、财务管理的内容

企业的经营活动主要包括四个方面：投资、筹资、运营以及利润分配。对制造企业来说，也需要进行相关的成本管理和控制。从金融管理的观点来看，投资可分为短期和长期两种，筹资又可分为长期筹资与短期筹资。由于短期投资、短期筹资、营运现金流量管理三者之间存在着紧密联系，因此一般将其结合起来称之为营运资本管理。因此，本书将财务管理分为四大类：投资管理、筹资管理、营运资金管理、利润分配管理。

（一）投资管理

投资是企业生存、发展和进一步获利的前提条件。为了获得较好的经济效益，企业要把获得的收益投入使用。在进行投资管理时，不仅要考虑到投资的规模，还要根据投资的方向和方法，合理地选择投资组合方式，以提高投资效率，减少投资风险。不同的投资项目，其对公司的价值、金融风险的影响也是不同的。公司的投资可分为对内投资和对外投资两种。对内投资是指企业将募集到的资金投入公司资产中，如固定资产、无形资产等；对外投资是指公司将募集到的资金用来购买股票、债券、出资成立新公司或与其他公司合资经营，以获取更多的投资回报。如果投资决策不科学，投资结构不合理，投资项目往往无法取得预期的收益和回报，从而影响公司的收益和偿债能力。投资决策是否合理，将直接影响到公司的兴衰，所以要对进行科学的投资管理。

（二）筹资管理

公司应按照其生产经营、发展战略、投资、资本结构等方面的需求，利用筹资途径和资本市场，依法、经济、有效地筹集企业所需的资金，并对其进行筹资管理。不管是创办新公司，还是运营已有的公司，都必须筹集到足够的资本。在筹资过程中，一方面要对筹资总额进行科学的预测，确保筹资所需要的资金到位；另一方面要从筹资途径、筹资渠道、筹资方式等方面来确定筹资结构，以减少筹资费用、提高企业效益、控制相关筹资风险。因此，筹资管理在企业的经营活动中占有举足轻重的地位。

（三）营运资金管理

在企业的日常生产和运营过程中，存在着一系列的流动资产和流动负债。企业的营运资金在公司总资金中所占比例很高，是公司财务管理中的一个重要环节。营运资金管理包括确定现金持有计划、应收账款的信用标准、信用条件和回收策略、存货周期、存货数量、订货计划、短期贷款计划和商业信贷筹资计划等。如何节约资金，提高资金使用效率，如何进行流动资产的投资和筹资，如何对流动负债进行有效的管理，这些都需要对其进行事先规划。

（四）利润分配管理

企业的利润分配是指企业在一定时间内，通过对企业内部、外部利益相关者的合理分配，实现企业的销售预期目标和价格管理。利润是公司经济利益的源泉，而利润的分配则是公司经济利益的流向，二者结合起来，形成了一个完整的经济利益链。第一次分配是补偿成本费用，这种补偿是在再生产中自然发生的，而利润分配是对初次分配结果的再分配。公司的净利润可按投资者的意愿和公司的生产和运营需求进行分配，或将其作为投资收入，或将其暂存于公司，以形成尚未分配的利润，或用于投资者的投资。企业财务人员要正确地确定资金配置的大小和结构，以保证公司的长远利益最大化。

以上四个方面的财务管理是相互联系、相互制约的。筹资是企业发展的根本，没有资本的支持，企业就无法生存和发展。企业筹集到的资金必须被有效地投入使用，才能达到筹资目标，并持续地增加和发展。投资和筹资的结果取决于资本的运作，筹资和投资在某种程度上影响着公司的经营状况，而企业的日常运作也必须对其进行有效的管理和控制，以获得更好的利用效益。利润分配会影响到筹资、投资、营运资本等各个方面，而利益分配的来源既是上述各方的综合作用，同时也会对以上各方面产生反作用。投资管理、筹资管理、营运资金管理、利润分配管理四个方面是企业实现价值创造必不可少的一环，对企业的健康发展和持续发展起着至关重要的作用。

三、企业财务关系

企业财务关系是指企业在组织财务活动过程中与各有关方面发生的经济利益关系。企业的筹资、投资、经营、利润分配等管理活动与企业内部和外部的方方面面都有着广泛的联系。企业的财务关系可概括为以下八个方面：

（一）企业与投资者之间的财务关系

企业与投资者之间的财务关系主要是指企业的投资者向企业投入资金，企业向其投资者支付投资报酬所形成的经济关系，是最根本的财务关系。企业的投资者主要有国家、法人、个人和境外投资者。企业的投资者按照投资合同、协议、章程的约定履行出资义务，而企业利用投资者的出资经营，实现利润后，按照出资比例、合同和章程的约定向投资者分配利润。企业同其所有者之间的财务关系体现着所有权的性质，反映着经营权和所有权的关系。

（二）企业与债权人之间的财务关系

企业与债权人的财务关系，是指企业贷款给债权人，按照贷款合同约定的期限，按期偿还贷款利息，偿还本金。为了减少资金成本，扩大企业的经营规模，企业除了使用自己的资金进行业务往来之外，还需要借入一定的资金。企业的债权人包括债券持有人、放款机构、商业信贷提供者以及其他向企业借款的机构和个人。在企业侵占了债权人的资金后，应当按照约定的利率和时间向债权人支付利息；当债务到期时，应及时将本金偿还给债权人。企业与债权人的财务关系是一种债权关系，它反映了债权的本质特征。

（三）企业与被投资单位之间的财务关系

这主要是指在企业经营规模不断扩大后，企业以购买股票或直接投资的形式向其他企业投资所形成的经济关系。企业向其他单位投资，应按照约定履行出资义务，参与被投资单位的利润分配。企业与被投资单位之间的关系体现的是所有权性质的投资与受资关系。

（四）企业与债务人之间的财务关系

企业与债务人的财务关系是指企业以购买债券、借款或信贷等方式向他人借款而产生的一种财务关系。在借款后，企业有权向债务人提出借款，并按照协议条款偿还本金。企业和债务人的关系是债权和债务的关系。

（五）企业与往来单位之间的财务关系

企业与往来单位之间的财务关系主要体现在企业与供应商、客户之间由于购买商品、销售产品、提供劳务等发生经济交往所形成的经济关系。该类经济关系主要涉及业务往来中的收支结算，要及时收付款项，以免相互占用资金。企业与往来单位之间的财务关系体现的是购销合同义务关系，在性质上属于债权与债务的关系。

（六）企业内部各单位之间的财务关系

这主要是指企业内部各单位之间在生产经营各环节相互提供产品或劳务所形成的经济关系。在实行内部责任核算制度的条件下，企业供、产、销各部门以及各生产经营单位之间相互提供产品和劳务，要确定内部转移价格，进行计价结算，因而形成了企业内部的资金结算关系。

（七）企业与员工之间的财务关系

企业与雇员的财务关系，是指企业在为雇员提供劳务报酬时所产生的一种经济关系。企业应根据其产品的销售所得，支付职工工资、津贴、奖金等，并根据其所提供服务的质量和数量支付其工资。企业和雇员的财务关系反映了企业和员工对劳动成果的分配关系。

（八）企业与政府之间的财务关系

企业与政府之间的财务关系主要体现为税收法律关系。政府作为社会的管理者，需要相当的财政收入作为保障。因此，企业应根据税法的规定，向政府缴纳各种税款，同时，政府有义务为企业提供必要的社会服务和良好的经营环境。企业与政府之间的财务关系是一种依法纳税和提供基础服务的关系。

第二节　财务管理的目标与相关者利益协调

一、财务管理的目标

财务管理的目标，也就是理财目标。通常，企业的目的是创造财富和价值，而企业财务管理则是为了达到企业财富和价值的一种管理方式。由于财务活动从价值层面上直接反映了企业产品和服务的供给过程，因此，财务管理对于企业创造价值具有十分重要的意义。在企业财务管理中，主要有以下几个重要理论：

（一）利润最大化

利润最大化是指企业的财务管理目标是使企业的收益最大化。把利润最大化作为企业财务管理的目标有三方面的原因：一是人的生产和经营都是为了创造更多的剩余产品，在市场经济中，剩余产品的数量可以用利润来度量；二是在资本市场上，资本的所有权归于利润最高者；三是只有使所有的企业都能获得最大的利益，才能使全社会的财富实现最大化，进而促进社会的发展与进步。

这一理论认为，利润是企业经营业绩评定的一个重要指标，它是企业创造的新财富。盈利越高，则代表企业财富增长得越快，越接近企业未来发展的目的。

1. 利润最大化目标的优点

为了获得最大的利益，企业需要进行经济核算、强化管理、技术改造、提高劳动生产率和降低生产成本。这些措施对优化企业的资源分配、提高企业的整体经济效益具有重要意义。

2. 利润最大化目标的缺点

（1）没有考虑利润的实现时间和资金的时间价值。例如，一年内的一百万元与十年之后的相同数额的收益，其实际价值并不相同，在 10 年内，它还会有一定的时间价值，并且这个数值会根据贴现率的变化而变化。

（2）没有考虑风险问题。不同行业具有不同的风险，同等利润值在不同行业中的意义也不相同。例如，同样投入 500 万元，本年获利 100 万元，一家公司的获利全部转化为现金，另一家公司的获利则全为应收账款，并可能发生坏账损失。如果盲目追求利润最大化，则可能会导致企业规模的无限扩张，带来更大的财务风险。

（3）没有反映创造的利润与投入资本之间的关系。例如，项目 A 和项目 B 为企业带来的利润都是 100 万元，但是项目 A 需要投入 1000 万元，而项目 B 需要投入 1500 万元。如果不考虑投入资本，企业就无法做出正确判断。因而，利润最大化的观点不能科学地说明企业经济效益水平的高低，不便于不同资本规模的企业之间或同一企业不同时期之间的比较。

（4）会造成企业的短期财务决策倾向，从而对公司的长期发展产生不利的影响。由于利润指标一般是以年为单位进行的，所以，企业的经营决策往往只为实现年度目标，忽视了产品开发、人才利用和生产安全，从而导致企业的后劲耗尽，最终走向"死亡"。

有一种实现利润最大化的方法是每股收益最大化。企业的每股盈利是指企业的净收益对普通股票的比例。从每股收益最大化的角度看，应该将企业的盈利与股东所投入的资金相结合，并以每股盈利作为衡量企业财务发展的重要指标。该观点将企业的利润与资本的投入相比较可以反映企业的盈利状况，与此同时还可以对不同的资金规模或者同一公司不同阶段的盈利进行比较分析，从而反映出企业的利润水平。这样，就可以克服利益最大化的限制。

在反映企业的盈利和投入资本关系的同时，每股收益最大化和利润最大化的弊端也是一样的。两者都未将每股盈利纳入考量范围，且未将每股盈利风险纳入考量范围之内，因此，很难规避企业的短期财务风险。但是，在假设相同的风险和相同的时间内，每股收益最大化也是一种衡量公司绩效的主要方法。事实上，很多投资者都将每股盈利作为衡量企业绩效的一个重要评判标准。

（二）股东财富最大化

股东财富最大化的理论是股东创办企业、进行有效的经营管理，以获取更多的企业财富，从而使股东的财富增值成为企业的经营目标。如果一个企业不能给股东带来价值，那么它就不可能给企业带来资金；如果没有股权资本，那么企业也会消失。

在上市公司中，可以通过股票的市值来衡量股东的财富。股东财富的增长可以通过股权市值与其投资资本之差来度量，即股东权益的市值增值。这一概念中的股东财富最大化，是指公司为股东创造的价值，而不是公司的市值。

1. 股东财富最大化目标的优点

（1）考虑了资金的时间价值和风险因素。股价反映投资者对公司未来经营成果和经营状况的预期，股价高低体现了投资者对公司价值客观评价的高低。股价受企业利润水平、经营风险、未来发展前景等因素的影响，如果股东对企业未来的经营状况和经营成果抱有良好的预期，则股价上涨；反之，股价下跌。

（2）从某种意义上说，企业的短期行为可以避免，因为不但当前的利润会影响到股票的价值，而且预期的利润也会对企业的股价有很大的影响。

（3）对于上市公司来说，股东财富最大化的指标更易于量化，可以方便地进行评估和考核。

2．股东财富最大化目标的缺点

（1）一般情况下，该方法仅对上市公司有效，而非上市公司则很难适用，因为它们不能像上市公司那样，在任何时候都能得到精确的公司股票价格。

（2）股票价格受到多种因素的影响，尤其是公司的外在因素，一些因素甚至是非正常因素。

（3）股价并不能全面地反映企业的财务状况，如一些濒临倒闭的企业，由于一些机会，其股价仍有上升的空间。

（三）企业价值最大化

企业价值最大化就是以实现企业价值最大化为目的的财务管理行为。企业价值是指企业股东和债权人的市值，也就是企业能够产生的未来现金流的现值。未来现金流是指资本的时间价值和资本的风险因素。由于对未来现金流的预测中存在着不确定性因素和风险，因此，利用资本的时间价值对现金流进行折现计算现值。

企业的价值最大化需要企业采取最佳的筹资策略，并充分考虑资本的时间价值、风险和回报之间的关系，从而实现企业的整体价值最大化，进而实现企业的长远、稳定发展。

1．企业价值最大化目标的优点

（1）考虑了资金的时间价值和风险因素。投资者在评价企业价值时，会计算未来自由现金流量的现值之和，考虑了资金的时间价值。同时，自由现金流量的估算是按可能实现的概率进行的，考虑了风险因素。该目标有利于统筹安排长短规划、合理选择投资方案、有效筹措资金、合理制定股利政策等。

（2）兼顾了股东以外的其他利益相关者的利益。企业价值最大化不仅考虑了股东的利益，还考虑了债权人、经理层、一线职工的利益。

（3）能克服企业在追求利润上的短期行为。把企业的长期稳定发展和可持续的盈利能力放在第一位，可以克服企业的短期利益追逐，因为企业的过去和现在的盈利将会对企业的价值产生巨大的影响。

（4）促进社会资源的合理分配。社会资本一般都是流向那些具有最大价值的企业或产业，以淘汰那些经营不善的企业。所以，这一目的对于达到最大的社会效益是十分有益的。

2．企业价值最大化目标的缺点

将企业价值最大化作为财务管理的目标，往往过于理论化，难以实现，难以对其进行精准预测，且预测期较长，导致难以对其进行精确的评估。对非上市公司来说，只有通过专业的评估，才能确定其价值，但在对其进行评估时，往往会受到评价方法的限制，难以做到客观、精确。

（四）相关者利益最大化

在现代企业多边合作关系的总和情况下，如何确定一个科学的财务管理目标，必须要考虑到哪些利益关系会影响到企业未来的发展。在市场经济条件下，企业财务管理的主体需要承担很大的责任和风险。在此基础上，企业的利益主体既包括股东，也包括债权人、企业经营者、客户、供应商、员工以及政府等。在制定企业财务管理目标时，必须考虑到各利益群体的利益。

1. 相关者利益最大化目标的具体内容

（1）注重风险和回报的平衡，使风险控制在可接受的范围之内。

（2）强调以股东为中心，注重企业与股东的协调。

（3）注重对管理者的监管与控制，并建立有效的激励机制，使企业的战略目标得以实现。

（4）为广大员工服务，营造良好、和谐的工作氛围，并给予适当的福利，以保证员工能长期为企业效力。

（5）持续强化企业与债权人之间的联系，培育可靠的筹资渠道。

（6）关注顾客的长远利益，保证企业的销售业绩持续稳定地发展。

（7）强化与供货商的合作，共同应对市场竞争，重视品牌形象推广，恪守承诺，重视企业信誉建设。

（8）维持企业与政府间的良好关系。

2. 把利益相关方利益最大化作为财务管理目标的优势

（1）对公司的长远、稳健发展是有益的。该目标关注于企业发展中各个利益相关方的利益。从公司的视角进行投资研究，避免从投资者的视角出发，因投资者的利益而引起的一系列问题。

（2）充分体现了"双赢"的价值观念，对企业的经济效益与社会效益的协调发展具有重要意义。企业既要兼顾企业、股东、政府、客户等各方的利益，又要承担起企业的社会责任。

（3）该目标是一个多层次、多元化的多目标系统，能更好地协调各方利益，实现企业利益和股东利益的最大化。

（4）是现实与远见相结合的体现。各利益相关方都有自己的衡量标准，合理、互利、协调，才能使各方的利益最大化。

以上四个财务管理的目标都是基于股东的财富最大化展开的。由于企业是市场经济中的主体，企业的建立和发展都是建立在投资者的投入之上的，没有了投资者的投资，企业也就不复存在。而在企业的日常运作中，股东作为所有者，在公司中负有最大的责任和最大的风险，同时也必须获得最大的回报，也就是股东财务最大化。因此实现股东财富最大化是企业未来发展的一个重要方向。

当然，在以股东财富最大化为核心和基础的同时，还应该考虑利益相关者的利益。《中华人民共和国公司法》规定，股东权益是剩余权益，只有满足了其他方面的利益之后才会有股东的利益。企业必须缴税、给职工发工资、给顾客提供满意的产品和服务，然后才能获得税后收益。可见，其他利益相关者的要求先于股东被满足，因此这种满足是有限度的。如果对其他利益相关者的要求不加限制，股东的利益就不会有剩余了。除非股东确信投资会带来满意的回报，否则股东不会出资。没有股东财富最大化的目标，利润最大化、企业价值最大化以及相关者利益最大化的目标也就无法实现。因此，在强调公司承担应尽的社会责任的前提下，应当允许企业以股东财富最大化为目标。

二、相关者利益冲突与协调

其中，股东、债权人、供应商、客户、员工、政府等是与企业有共同利益关系的主体。协调各方利益冲突应遵循的原则是：尽量实现利益相关者在时间和数量上的动态平衡。在所有利益相关方的协调中，所有者和经营者、股东和债权人之间的利益冲突与协调是非常关键的。

（一）所有者和经营者的利益冲突与协调

在现代企业发展中，经营者通常并不占有绝对的股份，他们仅仅是股东的代表。所有者期待经营者为自己的利益服务，以使所有者的财富最大化，而经营者却希望获得更多的报酬、更多的享受和尽量地规避风险，两者的目标有时候会产生分歧。

因此，经营者有可能为了自身的利益而背离股东的利益，这种背离主要表现在两个方面：一是道德风险，二是逆向选择。道德风险指的是经营者为了自己的目标，不是尽最大努力去实现企业财务管理的目标。因为股价上涨的好处将归于股东，若股价下跌，经营者的"身份"也将下跌。经营者不做错事，只是不十分卖力，以增加自己的闲暇时间。这种行为只是道德问题，不构成法律问题，股东很难追究他们的责任。逆向选择是指经营者为了自己的目标而背离股东的目标。例如，装修豪华的办公室、购置高档汽车、产生过高的在职消费等，这些行为都损害了股东的利益。

为了协调这两个方面的利益冲突，防止经营者背离自身的目标，股东通常采取以下方式解决：

1. 解雇

这是一种所有者来控制经营者的方法。所有者对经营者进行监督，若其业绩不理想，将其解雇；为避免被解雇，经营者必须努力工作，以达到财务管理的目的。

2. 接收

这是一种用市场来限制经营者的方法。当经营者决策失败、经营不力、经营业绩不佳时，公司将被其他公司强制接纳、兼并，经营者将被解雇。为避免此类接收，经营者应力求实现财务管理的目标。

3. 激励

激励是把经营者的薪酬与其业绩直接联系起来，从而促使其主动地采取能够增加所有者利益的手段。一般有两种激励机制：

（1）股票期权。这是指在规定的条件下，经营者有权以特定的方式购买本公司的股份。为了使股票价格上涨，经营者必须积极地采取有效措施，以提高股东的财富。

（2）绩效股。公司利用每股收益、资产收益率等指标对经营者业绩进行评估，根据业绩的高低，对经营者进行不同程度的股权奖励。若经营业绩不达标，则将失去原有的业绩股份。通过这样的方法，经营者不但可以通过不断地采取措施来提高业绩，还可以通过各种方法来保持股价的平稳上涨，从而增加股东的资产。即便是由于客观因素，股票价格没有上涨，经营者也可以通过获得业绩股票来获利。

（二）股东和债权人的利益冲突与协调

股东的目的可能与债权人所希望达到的目的相冲突。股东和债权人之间的利益冲突主要体现在两个层面：一是股东在没有得到债权人同意的情况下，就向其进行了投资。这不仅增加了债务的风险，而且会使债权人的债务价值下降，从而导致债权人的利益和风险不对等。因为一旦高风险的项目获得了成功，那就是所有人的全部收益。如果不成功，则由债权人和股东共同承担损失。二是在没有得到债权人同意的情况下，向新的债权人借款，会导致原债权的价值下降。原来的债权价值之所以降低，是因为企业在发行新债后，债务比例增大，从而使企业破产的概率增大。企业破产时，原债权人与新债权人将对其进行分割，增加了原债权的风险，降低了其价值。

为避免股东的利益受到损害，债权人可以采取下列方法来处理：

1．限制性借债

债权人可以预先设定借债用途、借债担保、借债信贷等手段，从而使所有者无法通过上述两种途径来降低债权人的债权。

2．收回借款或停止借款

在发现公司存在侵蚀其债权价值的情况下，可以通过收回或停止提供新的贷款来维护自己的利益。

三、企业的社会责任

企业社会责任是指在追求所有者或股东利益的同时，为维护和促进社会福利而承担的义务。具体而言，企业的社会责任主要包括：

（一）对员工的责任

企业除了有向员工支付报酬的法律责任外，还负有为员工提供安全的工作环境、职业教育等保障员工利益的责任。《中华人民共和国公司法》规定，企业对员工承担的社会责任包括：①按时足额发放劳动报酬，并根据社会发展水平逐步提高工资水平；②提供安全健康的工作环境，加强劳动保护，实现安全生产，积极预防职业病；③建立公司职工的职业教育和岗位培训制度，不断提高职工的素质和能力；④完善工会、职工董事和职工监事制度，培育良好的企业文化。

（二）对债权人的责任

债权人是企业的重要利益相关者，企业应依据合同的约定以及法律的规定对债权人承担相应的义务，保障债权人的合法权益。这种义务既是公司的民事义务，也可视为公司应承担的社会责任。公司对债权人承担的社会责任主要有：①按照法律、法规和公司章程的规定，真实、准确、完整、及时地披露公司信息；②诚实守信，不滥用公司人格；③主动偿债，不无故拖欠；④确保交易安全，切实履行合法订立的合同。

（三）对消费者的责任

公司价值的实现，在很大程度上取决于消费者的选择，因而企业理应重视对消费者承担的社会责任。企业对消费者承担的社会责任主要有：①确保产品质量，保障消费安全；②诚实守信，保障消费者的知情权；③提供完善的售后服务，及时为消费者排忧解难。

（四）对社会公益的责任

企业对社会公益的责任主要涉及慈善、社区等，企业对慈善事业的社会责任是指承担扶贫济困和发展慈善事业的责任，表现为企业对不确定的社会群体（尤其是弱势群体）进行帮助。捐赠是最主要的表现形式，受捐赠的对象主要有社会福利院、医疗服务机构、教育事业、贫困地区、特殊困难人群等。此外，还包括招聘残疾人、生活困难的人、缺乏就业竞争力的人到企业工作，以及举办与公司营业范围有关的各种公益性的社会教育宣传活动等。

（五）对环境和资源的责任

企业对环境和资源的社会责任可以概括为两大方面：一是承担可持续发展与节约资源的责任；二是承担保护环境和维护自然和谐的责任。

此外，企业还有义务和责任遵从政府的管理、接受政府的监督。企业要在政府的指引下合法经营、自觉履行法律规定的义务，同时尽可能地为政府献计献策、分担社会压力、支持政府的各项事业。

一般而言，一个利润或投资报酬率处于较低水平的公司，在激烈竞争的环境下，是难以承担额外增加其成本的社会责任的；而对于那些利润超常的公司，它们可以适当地承担且有的也已承担一定的社会责任。因为对利润超常的公司来说，适当地从事一些社会公益活动有助于提高公司的知名度，促进其业务活动的开展，进而使股价升高。但不管怎样，任何企业都无法长期单独地负担因承担社会责任而增加的成本。过分地强调社会责任而使企业价值减少，就可能导致整个社会资金运用的次优化，从而使社会经济发展步伐减缓。事实上，企业的大多数社会责任都必须通过立法以强制的方式让每一个企业平均负担。然而，企业是社会的经济细胞，理应关注并自觉改善自身的生态环境，重视履行对员工、消费者、环境、社区等利益相关方的责任，重视其生产行为可能对未来环境的影响，特别是在员工健康与安全、废弃物处理、污染等方面，应尽早采取相应的措施，减少企业在这些方面可能会产生的各种困扰，从而使企业可持续发展。

第三节 财务管理环节与原则

一、财务管理的环节

财务管理环节是指企业的财务工作流程。通常，企业的财务管理由下列各部分组成。

（一）计划与预算

1. 财务预测

财务预测是指在综合考虑企业实际需求和条件的基础上，从历史的财务数据中，对企业的未来财务活动进行比较详细的预估和测算。财务预测能够对各种生产运营计划进行经济分析，为决策人员提供可靠的数据基础；能够预测财政收入的发展和变动，从而制定出企业的经营与管控目标；能够对各种指标、定额进行测量，为编制计划、分解计划做准备。

目前，我国企业财务状况的预测方法有两种：定性和定量。定性预测是指运用直观资料，以个人的主观判断与综合分析的能力来预测企业的未来发展趋势；定量预测是利用各变量间的数量关系，通过构建数学模型的方式进行预测分析。

2. 财务计划

财务计划是指企业按照总体的战略目标和计划，与财务预测相结合，制定相应的财务计划，并将其作为一项具体的评判标准落实到企业的生产经营活动中。财务计划主要是指在一个特定的规划周期中，企业的资金来源、收入、支出、财务成果以及资金的分配情况。

财务计划指标的确定主要有平衡法、因素法、比例法、定额法等。

3. 财务预算

财务预算是在财务战略、财务计划和多种预测信息的基础上，在一个预算期内，对各项预算指标进行计划分析。这既是财务策略的具体体现，又是财务规划的分解与实施。

财政预算一般分为固定预算和弹性预算、增量预算和零基预算、定期预算和滚动预算。

（二）决策与控制

1. 财务决策

财务决策是根据企业财务战略目标的整体需求，运用专业的方法，对不同的备选方案进行对比、分析，并从中选择最优的方案。财务决策在企业经营中起着举足轻重的作用，其成败直接影响着企业未来的发展。

在财务决策中，有两种主要的方法：第一种是经验判断法，即以决策者的经验为依据，通常采用淘汰法、排队法、归类法等进行财务决策；第二种是定量分析法，主要包括优选对比法、微分法、线性规划法、概率决策法等。

2. 财务控制

财务控制是指运用相关的信息技术及特殊方式，对企业的财务活动产生影响或调整，从而达到既定的财务目标。财务控制主要包括预算控制、经营分析控制、业绩考核控制等。

（三）分析与考核

1. 财务分析

财务分析是指运用专业的方法，对企业财务状况、经营成果、发展趋势进行系统的分析与评估。

财务分析一般采用比较分析法、比率分析法、因子分析法等。

2. 财务考核

财务考核是将本年度的实际工作业绩与所设定的绩效指标相比较，从而决定各相关部门和人员的工作财务考核与奖惩，既是落实问责制的需要，又是建立激励和制约机制的重要评判指标。

财务考核的方式多种多样，有绝对指标考核、相对指标考核、完成百分比考核、各种不同财务指标的综合考核。

二、财务管理的原则

（一）风险与收益权衡原则

风险与收益的权衡原则是指风险和收益之间的一种权衡的方法。投资者必须权衡利弊，为了获得更高的回报承担更大的风险，也就是说，高回报就意味着高风险，而低风险就意味着低回报。

人们普遍倾向于高报酬低风险，但现实中人们通常不可能在承担低风险的同时获取高报酬。即使有人最先发现了这样的机会并率先行动，别人也会迅速跟进，竞争会使报酬率降低至与风险相当的水平。因此，现实的市场中只有高风险同时高报酬和低风险同时低报酬的投资机会。市场上虽然既有偏好高风险、高收益的投资者，也有偏好低风险、低收益的投资者，但他们都要求风险与报酬对等，不会去冒没有价值的风险。

（二）资本市场有效原则

资本市场是指证券买卖的市场。资本市场有效原则，是指在资本市场上频繁交易的金筹资产的市场价格反映了所有可获得的信息，而且面对新信息完全能迅速进行调整。资本市场有效原则要求企业管理人重视市场对企业的股价。资本市场既是企业的一面镜子，又是企业行为的矫正器。股价可以综合反映公司的业绩，弄虚作假、人为改变会计方法对企业价值的提高毫无用处。一些公司把不少精力和智慧放在报告信息的粉饰上，企图用财务报表给使用人制造假象，这在有效市场中是无济于事的。当市场对公司的评价降低时，应分析公司的行为是否出现了偏差并设法改进，而不应设法欺骗市场。妄图欺骗市场的人，终将被市场抛弃。市场有效性原则要求企业管理人慎重使用金融工具投资，实业公司的管理者责任应是管理好自己的公司，利用竞争优势在产品或服务市场上赚取净利润。因此，实业公司的管理者只有很少的时间和精力去研究金融市场，属于金融产品的"业余投资者"，他们不太可能拥有关于股价的特别信息，仅靠公开信息很难从金融投机中获得超额收益。此外，实业公司在资本市场上的角色主要是筹资者，而非投资者，即使从事利率、外汇等期货交易，目的也应当是套期保值，锁定其价格，降低金融风险，而非指望通过金融投机获利。

（三）净增收益原则

净增收益原则是指财务决策要建立在净增收益的基础上，一项决策的价值取决于它和替代方案相比所增加的净收益。

一项决策的优劣，是与其他可替代方案（包括维持现状而不采取行动）相比较而言的。如果一个方案的净收益大于替代方案，那么它是一个比替代方案好的决策，其价值是增加的净收益。在财务决策中，净收益通常用现金流量计量，一个方案的净收益是指该方案现金流入减去现金流出的差额，也称为现金流量净额。

净增收益原则的应用之一是差额分析法，也就是在分析投资方案时只分析它们有区别的部分，而省略其相同的部分。

净增收益原则的另一个应用是沉没成本概念。沉没成本是指已经发生、不会被以后的决策改变的成本。沉没成本与将要采纳的决策无关，因此，在分析决策方案时应将其排除。

（四）资金的时间价值原则

资金的时间价值，是指资金在经过一定时间的投资和再投资后增加的价值。资金投入市场后其数额会随着时间的延续而不断增加，这是一种普遍的客观经济现象。因此，在进行财务计量时要考虑资金的时间价值因素。资金的时间价值主要有两个方面的应用：

1. 现值概念

由于现在的 1 元钱比将来的 1 元钱经济价值大，所以不同时间的资金价值不能直接相加，而需要折现，即把不同时间的资金价值折算到同一时点，然后进行比较。在财务估值中，广泛应用现值的概念。

2. 早收晚付观念

对于不附带利息的货币收支，与其晚收，不如早收，与其早付，不如晚付。资金在自己手里可以立即用于投资、消费、支付而不用等待，因此，早收晚付在经济上是有利的。

第四节　财务管理环境

财务管理环境是指企业内部、外部各种因素对企业的经营和发展产生的影响。企业的财务活动是在特定的环境中进行的，环境决定了企业的财务管理情况。而财务管理的环境涉及的范围很广，如政治和经济形势、经济法规的完善程度、企业面临的市场状况、企业的生产条件等。本节主要讨论企业几种重要的环境，包括社会文化环境、技术环境、经济环境、金融环境、法律环境等。

一、社会文化环境

社会文化环境是指人们在特定的社会环境中形成的习俗观念、价值观念、行为准则、教育程度，以及人们对经济和财务的传统看法等。

社会文化环境包括教育、科学、文学、艺术、新闻出版、广播电视、卫生体育、世界观、习俗，以及同社会制度相适应的权利义务观念、道德观念、组织纪律观念、价值观念和劳动态度等。与人类社会的生产活动不同，社会文化构成了人类的精神活动，作为人类的一项社会活动，社会文化的各个方面必然会对企业的财务活动产生影响

二、技术环境

技术环境是财务管理的技术环境，它直接影响着企业的经营效益和生产状况。目前，我国进行财务管理的信息基础是由会计系统提供的，占到了60% ～ 70% 的企业经济信息总量。在企业内部，会计信息主要用于管理人员的决策；而在企业外部，会计信息的作用主要是为投资者和债权人提供参考依据。

当前，我国正在全面推行会计信息化，大力培养会计信息技术人才，基本上实现了大型企事业单位会计信息化与经营管理信息化的融合，进一步提升了企事业单位的管理水平和风险防范能力，做到了财务资源共享，便于不同信息使用者获取、分析和利用会计信息进行企业投资和相关决策；通过信息化手段基本实现了大型会计师事务所审计工作的便捷性，提高了审计的质量和效率；在此基础上，我国政府的财务管理与监督工作已基本完成，并将进一步提高我国政府的财务管理和监督效能。全面推行会计信息化，将使我国会计信息化建设与国际接轨。

随着我国企业会计工作的全面开展，将进一步完善和优化企业财务管理的技术环境。

三、经济环境

在影响企业经营的诸多外在环境中，最主要的因素就是经济环境。

经济环境包括经济体制、经济周期、经济发展水平、宏观经济政策和通货膨胀水平等。

（一）经济体制

在计划经济时期，国有企业的资本、投资、盈亏都是国家统一管理的，企业的利润统一上缴，企业的亏损由国家承担。

在市场经济条件下，企业可以自主经营，自负盈亏，拥有独立的经营管理权和理财权。企业可以根据自己的发展需求，合理地决定资金需求量，然后在市场上募集资金，将资金投入高效率的项目中，获得更多的利益，最终按照自己的需求来分配利润，从而确保企业的财务活动始终按照自己的经营情况和外部环境来制定和执行。因而，目前企业财务管理活动更加丰富，形式更加多样。

（二）经济周期

在市场经济中，经济的发展和运行是有一定的波动性的，总体上经历了"复苏""繁荣""衰退"和"萧条"四个阶段。在不同的经济周期中，企业应该采取不同的财务管理手段和策略。

（三）经济发展水平

财政管理水平与经济发展水平有很大的关系，随着经济的发展，企业的财务管理水平也会随之提高。提高企业的财务管理水平，可以促使企业降低成本，提高效率，提高效益，进而提高经济发展水平；而随着经济的发展，企业的财务战略、财务理念、财务管理模式、财务管理方式等都会发生变化，进而推动财务管理的进步。财务管理要立足于经济发展的高度，立足于宏观经济发展的目标，从企业经营状况的视角来保障企业的生产目标与战略发展水平。

（四）宏观经济政策

不同的宏观调控政策对企业的经营会产生不同的影响。货币发行、信贷规模等财政政策对企业的投资筹资渠道和投资回报产生了一定的影响；税收政策对公司资本结构、投资项目的选择有一定的影响；定价策略会对资金的投入、投资的回收期和预期的回报产生一定的影响；会计体制的变革将影响到会计要素的确定与测量，从而影响到企业的事前预测、决策以及事后的评估。

（五）通货膨胀水平

通货膨胀对企业的财务活动产生了多种影响，具体包括以下五个方面：

（1）造成资本的大量占用，导致企业筹资的需求增大。

（2）使企业的利润增加，使公司的资本因利益的分配而损失。

（3）提高利率，增加了企业筹资成本。

（4）使证券价格下跌，企业筹资困难。

（5）造成资金供应困难，企业筹资困难。

企业要想降低通货膨胀对企业的负面影响，就必须采取相应的措施。在通货膨胀的早期，货币存在着贬值的危险，此时，企业进行投资可以规避风险，从而达到资产的保值；与顾客订立长期采购合约时，降低因价格上升而造成的亏损；获取长期债务并维持资金成本的稳定性。在通货膨胀持续期间，企业可以采取较为苛刻的信贷条款来降低企业的债务；对企业的财务政策进行调整，预防和降低企业的资金损失。

四、金融环境

（一）金融市场的含义与构成要素

1. 金融市场的含义

金融市场是指资金融通的场所，它有广义和狭义之分。广义的金融市场泛指一切金融性交易，包括货币借贷、票据承兑和贴现、有价证券的买卖、黄金和外汇的买卖等。狭义的金融市场一般指有价证券的买卖市场。企业资金的取得与投资都与金融市场密不可分，金融市场发挥着金融中介、调节资金余缺的功能。熟悉金融市场的各种类型以及管理规则，可以让企业财务人员有效地组织资金的筹措和资本投资活动。

2. 金融市场与企业财务管理的关系

金融市场是与企业财务管理关系最密切的环境，主要表现在以下三个方面：

（1）金融市场是企业筹资和投资的场所。金融市场上存在多种多样方便灵活的筹资方式，当企业需要资金时，可以到金融市场上选择合适的筹资方式筹集所需要的资金，以保证生产经营的顺利进行。而当企业有闲置资金时，企业也可以到金融市场选择灵活的投资方式，为资金的使用寻找出路，如银行存款、投资债券或购买股票等。

（2）企业能够在金融市场中进行资金的自由流动。在金融市场中，企业可以通过各种筹资方式，实现资本在时间、空间、资本规模等多种形态上的转化。例如，企业所持有的可上市的可流通公债，可以在任何时候转换成短期资本；远期票据可以折现成现金；在金融市场上，大量的可流通储蓄存款也可以作为一种短期资产出售。

（3）金融市场对企业进行财务管理具有重要意义。金融市场的利率变化反映了资金的供需情况，而股票的价格波动则是投资者对企业经营和收益的一个客观的评估，也是企业投资、筹资的重要参考。

3. 金融市场的构成要素

金融市场的构成要素主要有以下四个：

（1）金融市场主体。金融市场的主体包括个人、法人、金融机构和政府。金融机构包括了银行和非银行机构，它们是资金和投资人之间的桥梁。中国银行体系主要有中国人民银行、政策性银行、商业银行三大类。中国人民银行是国家货币政策制定、国库管理和其他有关职能的中央银行。政策性银行是国家为了实现国家产业政策和区域发展政策而建立起来的一种非盈利性金融组织。商业银行是以经营存款、贷款、办理转账结算为经营方式，以盈利为经营目的的一种金融银行。非银行金融机构包括保险公司、信托公司、证券公司、金融公司、金融租赁公司等。

（2）金融市场客体。金融市场客体即金融工具，是金融市场的交易对象。金融工具按发行和流通场所，划分为货币市场证券和资本市场证券。

1）货币市场证券。货币市场证券属于短期债务，到期期限通常为1年或更短的时间，主要是政府、银行及工商业企业发行的短期信用工具，具有期限短、流动性强和风险小等特点。货币市场证券包括商业本票、银行承兑汇票、短期债券等。

2）资本市场证券。资本市场证券是公司或政府发行的长期证券，到期期限超过1年，实质上是1年期以上的中长期资本市场证券。资本市场证券包括普通股、优先股、长期公司债券、国债、衍生金融工具等。

（3）金融市场的组织形式和管理方式。金融市场的组织形式主要有交易所交易和场外交易两种；交易的方式主要是现货交易、期货交易、期权交易和信用交易；管理方式主要由上述管理机构和国家法律来管理和规范。

（4）利息率机制在金融市场中的应用。利息是指资本增值的基础单位，也就是资本的增值与资本的比率。从货币流动的借贷关系来看，利率是指某一特定时间内资本使用的一种资源，也就是资本市场中的一种特殊商品，它是以利率为基准进行买卖的，而筹资的本质就是资本在市场机制的作用下，以利率为定价基础，资金的融通实质上是资金资源通过利率这个价格体系在市场机制的作用下进行再分配。因此，在资金的配置以及个人和企业的财务决策中，利率发挥着举足轻重的作用。

但是在具体情况下，如何衡量未来的利率水平？这就要求对利率的组成进行分析。利率由三个方面组成：纯利率、通货膨胀溢价和风险溢价。风险溢价包括违约风险溢价、流动性风险溢价和期限风险溢价。用以下公式表示利率：

$$K=K_0+IP+DP+LP+MP$$

式中，K 表示利率（名义利率）；K_0 表示纯利率；IP 表示通货膨胀溢价；DP 表示违约风险溢价；LP 表示流动性风险溢价；MP 表示期限风险溢价。

1）纯利率。纯利率是指无通货膨胀和无风险情况下的社会平均利润率。影响纯利率的主要因素有资金的供求关系、社会的平均利润率和国家的货币政策。通常，在没有通货膨胀时，将短期国库券利率视作纯利率。

2）通货膨胀溢价。通货膨胀溢价，也叫通货膨胀补偿，是指持续的通货膨胀会使货币的实际购买力不断下降，以弥补其购买力的丧失则要提高溢价或补偿。因此，除了纯利率以外，无风险证券的利息率除纯利率外还包括通货膨胀因素，以弥补通货膨胀带来的经济损失。一般认为，政府发行的短期国库券利率由纯利率和通货膨胀溢价组成。其表达式为

短期无风险证券利率＝纯利率＋通货膨胀溢价

即

$$RF=K_0+IP$$

上式中计入利率的通货膨胀溢价不是过去实际达到的通货膨胀水平，而是对未来通货膨胀的预期。

3）违约风险溢价。违约风险是由于借款人不能及时偿付利息或偿付本金而导致的风险。违约风险反映了借款人的信用，主要表现为偿还本金和利息的信用水平。如果借款人经常无法按时偿还债务，就表明其有较高的债务违约风险。要想补偿拖欠的风险，就必须增加利息，否则，贷款方将不能贷款，投资人也不会进行投资。国库券是国家发行的，它的利息通常比较低，不存在违约的危险。而企业债券的违约风险，则取决于其信用水平，企业的信用水平可以划分为几个级别。公司的信用级别越高，其违约风险越小，利息越低；而信贷质量低，则会导致高的拖欠和高的利息。通常，国库券和具有相同到期日、变现能力和其他特征公司债券的利率差异，作为违约风险溢价。

4）流动性风险溢价。流动性就是一种资产能够快速地转换成现金的过程。一种能够快速转换成现金的资产，具有较高的可变现性、良好的流动性和较低的风险性；反之，它的变现性差、流动性差则会产生高风险。政府债券、知名上市公司的股票和债券由于其良好的信用和可变现能力，所以其流动性风险较低；而一些默默无闻的中小企业所发行的债券，其流动性风险更大。一般来讲，当其他要素都一样时，低流动性和高流动性风险的债券利率差异在1%～2%，即为流动性风险溢价。

5）期限风险溢价。一种债务的期限越久，其债权人将会面临更多的不确定性因素和更高的风险。利息的提高是为了补偿这些风险，我们称为期限风险溢价。举例来说，国库券的五年利率高于三年，这和银行存款利率的原理是一样的。所以，长期利率通常要比短期利率高，即期限风险溢价。当然，如果利率发生了大幅度的变动，那么短期利率就会比长期利率高。但是，这并不会对以上结论产生影响。

（二）金融市场的分类

金融市场可按以下几种标准划分：

1．以期限为标准

根据时间的长短，可以将金融市场划分为货币市场与资本市场两大类。货币市场，也称短期市场，是指以一年以内的金融产品作为中介，进行短期筹资的市场。资本市场，也就是所谓的长期市场，它是指一种以一年或更长时间的金融产品为中介的市场，包括股票市场、债券市场、筹资租赁市场。

2．以功能为标准

按其职能划分，可将金融市场划分为发行市场与流通市场。发行市场也叫一级市场，它的作用是解决初始买方和卖方的交易，是一个证券和债券的市场。所谓二级市场，就是指在股票上市后，由不同的投资者进行交易而形成的一个市场，也就是所谓的次级市场。

发行市场与流通市场交易有着紧密的联系。发行市场是流通市场的基石，如果没有证券交易所，就没有证券流通市场；流通市场是我国证券市场生存与发展的一个重要因素。一家公司股票的发行价决定了一家公司在发行市场上新上市的股票的定价，因为在发行市场上，买方只会把他们认为可以在流通市场上得到的价格付给发行公司，所以，与公司财务联系更为密切的是流通市场。除了特殊说明之外，本书中的股票价格是指在流通中的市场价格。

3．以筹资对象为标准

根据筹资目标的不同，金融市场可以分为资本市场、外汇市场和黄金市场。资本市场主要是指同业拆借市场、国债市场、公司债券市场、股票市场等市场。外汇市场是指买卖各类外汇的金融产品；而在黄金交易市场，主要是进行黄金买卖和金币兑换。

4．以所交易金融工具的属性为标准

根据所交易的金融产品的性质，可以将其划分为基础金融市场与金融衍生品市场。基础金融市场是以基本的金融产品作为交易的对象，如商业票据、公司债券、公司股票等；金融衍生品市场是指在远期、期货、掉期（互换）、期权等金融衍生产品的交易市场，以及具有具有远期、期货、掉期（互换）、期权中等一种或多种特性的结构性金融产品的交易市场。

5．以地理范围为标准

金融市场按地域划分，可以划分为地方性金融市场、全国性金融市场、国际性金融市场。

五、法律环境

（一）法律环境的范畴

法律环境是指企业在与外界进行经济联系时必须遵循的法律、法规和规章，主要包括公司法、证券法、金融法、证券交易法、经济合同法、税法、财务通则和内部控制的基本准则。市场经济是一种法治经济，也就是企业的经济行为必须遵守一定的法律法规。在对违法的经济行为进行限制的同时，也为各种正当的经济活动提供了保障。根据影响财务管理内容的不同，我国有关法律、法规可以划分为以下三种类型：

（1）《中华人民共和国公司法》《中华人民共和国证券法》《中华人民共和国金融法》《中华人民共和国证券法》《中华人民共和国合同法》等对企业筹资行为有一定的影响。

（2）《中华人民共和国证券法》《中华人民共和国公司法》《企业财务通则》等对企业投资行为有一定的影响。

（3）《中华人民共和国税法》《中华人民共和国公司法》《企业财务通则》等法律对公司收入分配产生了一定的影响。

（二）企业组织形式

根据法律规定，企业成立的组织形式不同，所依据的法律法规也不尽相同。企业一般可分为独资企业、合伙企业和公司制企业三种类型。不同的企业组织结构会产生不同的财务管理效果。

1. 独资企业

独资企业是指以一名自然人出资，其全部财产归投资人所有，其全部负债均由投资人个人负担。个人独资公司具有创办容易、经营管理灵活自由、无须缴纳企业所得税等优势。

独资企业的弊端：①对个人独资企业的所有者来说，必须对企业的负债负无限的责任，如果企业的亏损超出了所有者对企业的初始投入，则必须以所有者的其他财产来偿还；②很难从外界筹集到足够的资本进行运营；③独资公司股权转让难度大；④企业的寿命是有限的，当所有者去世时，企业就会自然消失。

2. 合伙企业

合伙企业一般指两个或多个自然人合伙经营（有时也包括法人），合伙关系是指合伙人依照自愿、平等、公平、诚实守信原则订立合伙协议，共同出资、合伙经营、收益共享、风险共担的营利性组织。合伙关系可划分为普通合伙和有限合伙。

（1）普通合伙企业是一名对其负债负有无限连带责任的普通合伙人。根据《合伙企业法》，国有企业、上市公司、公益事业单位、社会团体不得作为合伙企业的合伙人。根据其专业技术和水平，向顾客提供有偿服务的专业服务机构，可以成立普通合伙企业。如果一名或多名合伙人由于故意或重大过失而导致合伙企业负债，应负无限连带责任，而其他合伙人以其在合伙企业中的财产份额为限承担相应责任。如果合伙人在经营过程中，由于无意或重大过失而导致的合伙债务，那么该合伙人将对合伙企业的债务承担不受限制的连带责任。如果合伙人在经营过程中，由于故意或重大过失导致合伙企业负债，以合伙财产对外承担责任时，其合伙人应根据合伙协议的规定，对合伙企业所遭受的损害承担赔偿责任。

（2）有限合伙企业包括普通合伙人和有限合伙人，普通合伙人承担合伙债务的无限连带责任，有限合伙人以其出资为限，共同承担合伙债务。有限合伙企业的合伙人中，至少应有一名普通合伙人。有限合伙人不能从事合伙业务，也不能对外代表合伙企业。有限合伙人的以下行为，不视为执行合伙事务：①参与决定普通合伙人的入伙和离伙；②提供企业运营管理方面的意见；③参与选定承揽有限合伙企业的审计机构；④取得有限合伙企业的审计报告；⑤就与自己有关的事项，查阅有限合伙企业的财务报表和其他相关的财务信息；⑥如果合伙关系中的利益遭受损害，则对负有责任的合伙人主张权利或提出起诉；⑦当执行事务合伙人急于行使其权力时，要求其行使其权益或以其名义为企业的利益提出诉讼；⑧按法律规定对企业进行担保。

如有限合伙人变更为普通合伙人，其在有限合伙人期间所发生的债务，将由有限合伙人承担。如普通合伙人变更为有限合伙人，其在担任普通合伙人期间所发生的债务应负无限制的连带责任。

由于合伙和独资经营有共性的缺点，有些公司虽然一开始是独资或合伙，但随着时间的推移，它们会转变为公司的形式。

3. 公司制企业

公司制企业是指两个以上的股东联合出资，各股东按各自的出资比例或所持股份对公司承担有限责任。公司分为两种类型：有限责任公司和股份有限公司。

（1）有限责任公司，即有限公司，是指股东以其所持股份为限，以其所有资产为限，对公司的债务负责任。《中华人民共和国公司法》规定，"有限责任公司"或"有限公司"字样应当在公司的名称上注明。

（2）股份有限公司，即股份公司，是将其所有资产分成等额的股份，由其持有的股份对公司负有责任的公司法人。

1）公司制企业的优势：所有权易于转移，股东利益分成多部分，各部分可分别转让；公司债务是法人的负债，而非公司所有者的债务，股东对公司的义务仅限于其出资额多少，如果公司的资产不足以偿付其负债，则无须承担连带清偿的责任；公司可以长期持续下去，而公司在所有者和经营者离开后仍能继续生存；筹资渠道多，筹资更方便。

2）公司制企业的弊端：成立公司费用高，《中华人民共和国公司法》规定，成立公司的条件要比成立一家独资或合伙公司要复杂得多，而且要递交一系列的法律文书，耗时更久；公司设立后，由于受到政府的管制，公司必须按时上报各类报表；代理方面的问题是：当所有者和经营者分离时，所有者变成了委托人，经营者变成了代理人，代理人为自己的利益而损害了委托人的权益；两种征税方式：公司是一个独立的公司，它的盈利必须要上交所得税，而当公司的利润被分配到股东的时候，也需要向公司缴纳个人所得税。

在上述三种类型中，个人独资企业占据了较大比例，而大多数的公司资本都被公司制企业所控制，所以，公司财务管理往往将其作为研究的焦点。

（三）法律环境对企业财务管理的影响

法律环境对企业财务管理活动的影响主要体现在国家制定的各项法律法规上。法律环境对企业的影响是多方面的，其影响范围包括企业组织形式、公司治理结构、投筹资活动、日常经营、收益分配等。例如，《中华人民共和国公司法》规定，企业可以采用独资、合伙、公司制等企业组织形式。企业组织形式不同，业主（股东）权利责任、企业投筹资、收益分配、纳税、信息披露等不同，公司治理结构也不同。例如，税收法律法规对企业财务活动的影响主要表现为影响企业的投筹资决策、现金流、利润和利润的分配。因此，企业的财务决策应适应税收政策的导向。再如，财务法律规范是规范企业财务活动、协调企业财务关系的行为准则。目前，我国的企业财务法律规范主要由《企业财务通则》、行业财务制度及企业内部财务制度构成。《企业财务通则》是财务法规体系的基础，规范了在我国境内设立的各类企业进行财务活动必须遵循的基本原则；行业财务制度则是对各类行业在进行财务活动时所必须遵循的原则和一般要求所做的规定；企业内部财务制度是企业自身用来规范其内部财务活动行为、处理内部财务关系的具体规范。

第二章 财务管理的内容

第一节 长期筹资管理

一、长期筹资概述

（一）长期筹资的概念与企业筹资的动机

1. 长期筹资的概念

长期筹资是指企业在经营活动、投资活动和资本结构调整等方面，利用长期筹资途径和资金市场，以长期筹资的形式筹集和集中资金。企业筹资的主体是长期筹资，而短期筹资是企业营运资金管理的重要组成部分。

2. 企业筹资的动机

在筹资活动中，企业筹资的主要目的是保持企业的运营与发展，并为企业的运营提供资金，但是筹资通常是由一些特定的动机所推动的，例如，为技术进步而购买新的设备，为外部投资活动筹资，为产品研究和开发筹资以及为应付暂时的资金周转所需。从筹资动机的不同角度，可以将筹资动机划分为创立性筹资动机、支付性筹资动机、扩张性筹资动机、调整性筹资动机和混合筹资动机。

（1）创立性筹资动机。创立性筹资动机的动因是在企业成立之初，为了获得资本，为企业的营运创造必要的资金来源。资本，是创业最重要的一环。我国《公司法》《合伙企业法》《个人独资企业法》等有关法律法规均规定，企业成立之初，必须有所有股东所缴纳的出资额。在创建企业时，要根据企业的经营规模，核定长期资金需求和周转需要，购置厂房、设备等，安排铺底流动资金，保证企业的正常经营与运转。因此，就必须筹集到股本资本，如注册资本和资本储备。如果股本资本不足，则需通过银行贷款等方式筹资。

（2）支付性筹资动机。支付型筹资是为满足企业正常的经营活动而引起的一种筹资动因。企业在进行业务活动时，往往会产生季节性、临时性的交易支付需求，这些需求往往超过了日常运营所需的资金需求，例如，大量采购原材料、集中发放员工工资、提前偿还银行借款、发放股东红利等。这种情况下，不仅要进行正常的企业经营活动，还要靠经常性的临时筹资来满足日常的业务波动，并保持企业的支付能力。

（3）扩张性筹资动机。扩张性筹资是企业为了扩张业务或进行外部投资而产生的筹资动机。公司维持简单的再生产所需的资本是稳定的，而且一般不会有额外的筹资需求。一旦企业扩大再生产，扩大经营规模，扩大对外投资，就必须增加更多资金。处于成长期、发展前景良好的企业，其筹资动机往往是扩张的。扩张筹资行为在筹资的时间、筹资数量等方面都要遵循投资决策与规划，避免资金闲置、投资时机不恰当，而扩张筹资的直接影响通常是企业的资产总额和资本结构发生显著的改变。

（4）调整性筹资动机。调节型筹资动机是指企业在进行资本结构调整后所产生的筹资动机。资本结构调整是为了降低资本成本，控制财务风险，提高公司的价值。企业产生调整性筹资动机的具体原因大致有两点：一是优化企业的资本结构，充分发挥财务杠杆的作用。公司目前的资本结构不合理，主要是由于负债资本占比较高，存在着较大的金融风险；公司股本占很大比重，其资本成本负担也比较大。在这种情形下，可以通过筹资方式来提高股本或负债资本，从而实现资本结构的调整和优化。二是对到期的负债进行内部重组。例如，由于企业的流动负债比率太高，导致公司在短期内有很大的还款压力，所以可以通过借款来解决短期债务；再如，有些债务到期，企业即使有充足的偿债能力，也可以通过借贷来弥补原有的负债，来维持目前的资本结构。调节筹资的目标是对资本结构进行调整，而非为企业的运营活动提供额外的资金。

（5）混合性筹资动机。在实践中，企业筹资的目标并非单一，而是通过增加筹资来满足经营活动、投资活动的资金需求，实现资本结构的优化。这种情形有很多种，我们可以把这种现象总结成混合性筹资。例如，企业在海外进行投资时，需要大量的资金，可以通过扩大长期借款、发行公司债券等方式来解决，这样不仅扩大了企业的规模，而且改变了企业的资本结构。混合性筹资动机通常是根据企业的规模扩大和资本结构的调整来实现的，它具有扩张性筹资动机和调整性筹资动机的特点，在一定程度上可以提高企业的总资产和资本，并在一定程度上改变企业的资产和资本结构。

（二）长期筹资的分类

根据筹资范围、筹资机制、资金性质等因素，将企业的长期筹资活动划分为多种类型。

1. 权益筹资与负债筹资

根据筹资渠道的不同，可将其分为权益筹资与负债筹资两种类型。权益筹资也叫自有资本筹资，是指公司通过发行股票、直接投资、内部积累等手段来筹集资本。所谓负债筹资就是通过发行债券、向银行借款、筹资租赁等方式筹集资金。

2. 内部筹资与外部筹资

根据资金来源的不同，可将其分成两类：内部筹资和外部筹资。内部筹资是企业在经营过程中所产生的资金来源。外部筹资是企业在自身筹资能力不足的情况下，从外部筹资渠道筹集资金。公司对外筹资有多种途径，包括发行股票、发行债券、银行借款等。

3. 直接筹资与间接筹资

根据筹资方式的不同可分为直接筹资和间接筹资两种。直接筹资是一种在不依靠银行或其他金融组织的情况下，与资本家进行直接筹资的一种筹资方式。间接筹资是指公司在银行等金融机构的帮助下进行筹资。在间接筹资中，银行等金融机构起到了中间人的角色。

（三）长期筹资的渠道与方式

1. 长期筹资的渠道

长期筹资的渠道是指筹措资金的方向与通道。

（1）国家财政资金。出于控制和掌握关系国家安全和国民经济命脉的重要行业和关键领域，支持和引导非国有经济发展等需要，国家财政需要以各种形式向企业投入资金。

（2）银行信贷资金。目前，我国的银行体系分为中央银行、商业银行和政策性银行三大类。其中，以经营业务为目的，从事信贷资金投放业务的商业银行为主体。政策性银行的重点是对特殊行业的政策性信贷。银行向企业提供的各类信贷是当前我国各类企业筹资的主要渠道。

（3）非银行金融机构资金。非银行金融机构主要有金融资产管理公司、信托投资公司、金融租赁公司、企业集团的财务公司等。这类金融机构的资金力量比商业银行小，且业务受限较多，一般起辅助贷款的作用。

（4）民间资金。民间资金主要是指民营企业的流动资产和家庭的金筹资产。改革开放以来，我国以市场经济为取向的改革创造了大量社会财富，集聚了大量的民间资本。

（5）其他企业资金。其他企业单位可能会因业务关系、投资需求、商业信用等直接向企业提供权益资金或者债务资金。

（6）外商资金。外商资金是指外国投资者投入的资金。我国融入世界经济以后，通过贷款、发行股票、债券、租赁、合资、合作经营、出口信贷等方式的综合利用，企业可从国外的金融机构、企业及社会公众处获得大量资金，筹资渠道日益扩大。

（7）企业自身积累资金。企业提取的公积金和未分配利润等留存收益可转化为生产经营资金，作为企业稳定的、几乎没有成本的资金。

2. 长期筹资的方式

（1）吸收直接投资。全民所有制企业、有限责任公司、采取发起方式设立的股份有限公司等可以接受投资者以货币或者非货币资产向企业出资或者增资。

（2）发行股票。募集的股本按照所有权性质可以分为国家股、国有法人股、外资股、其他法人股、个人股等不同类型。

（3）利用留存收益。留存收益是企业的自留资金，主要来源于盈余公积和未分配利润。

（4）长期借款。长期借款是指前言按贷款协议或合同从银行或其他金融机构借入的各类贷款，期限超过一年。

（5）发行企业债券。企业债券持券人可按期取得利息，到期收回本金，但无权参与企业的经营管理，也不参加分红，对企业不承担任何责任。企业对通过发行债券取得的资金，应当按照规定用途安排使用。

（6）筹资租赁。筹资租赁是指租赁公司根据承租方的请求，在长期合同期间向承租人提供设备。筹资租赁是一种具有商品销售性质的筹资形式和融物租赁，是企业筹资的一种重要手段。

（四）筹资管理的原则

1. 规模适度

适度规模原则是企业在满足生产、管理和发展需求的前提下，合理地确定筹资规模。企业筹资时，要进行合理的预测，并决定所需的资金。筹资规模和筹资需求要相适应，以避免筹资不足而影响企业的正常运行，或者因为筹资过度而造成资金闲置问题。

2. 取得及时

在筹资过程中，企业要抓住筹资时机，及时获取筹资所需要的资金，以免由于获取资金太早而导致资金闲置，或由于获取资金相对滞后而错过了最佳的投入时间。

3. 结构合理

筹资结构要合理，一方面，要合理地确定股权资本与债务资本的结构，即债务资本的合理分配，且债务的规模和比率要与股权资本的规模和企业的偿债能力保持同步；既要避免债务资本过多，导致财务风险过高，偿债负担过重；同时，要切实保证债务资本运转合理，提高股权资本回报率；另一方面，要合理地确定长期资金和短期资金的比率，即合理地确定企业总资本的期限结构，并使之符合企业资产所需持有的期限。

4. 成本经济

筹资成本经济，一方面要对投资机遇进行仔细的分析，寻求投资的效率，避免在没有考虑到投资利益的情况下盲目地进行筹资；另一方面，由于筹资方式所需的资本成本差异较大，因此，必须对筹资途径进行全面的探讨，寻求最佳的筹资方式，以降低筹资成本，进而做到经济有效地筹集资金。

（五）资金需要量的预测方法

1. 因素分析法

因素分析法，也叫分析调整法，它是以相关项目基本年度的平均资本需求为依据，对预测年度生产运营任务和资金周转速度的要求进行分析、调整，以达到对资金需求的预期目标。该方法具有计算简单、易于掌握的特点，但其预测精度较低。一般用于各种规格复杂、资金消耗较少的工程。因素分析法的基本公式如下：

资金需要量 =（基期资金平均占用额 - 不合理资金占用额）×

（1+ 预测期销售增长率）×（1- 预测期资金周转速度增长率）

2. 销售额比率法

销售额比率法是指以资金与销售额的比率为基础预测未来资金需求量的方法。这种方法以两个基本假定为前提：一是企业的部分资产和负债与销售额同比例变化（在财务上称为敏感项目，包括敏感性资产项目和敏感性负债项目）；二是企业各项资产、负债与所有者权益的结构已达到最优。其预测的基本步骤如下：

第一步，确定销售变动额。

第二步，根据销售情况变化决定资产和债务项目。

第三步，确定所需经费的增长数额。

第四步，决定对外筹资的需求数额。

3．回归分析法

采用回归分析法，将资金分成固定资本和流动资本，再结合预期销售量预测资本需求。

不变资金是指在一定的生产和销售规模中，不会因生产和销售的变化而改变的资本。即尽管生产和销售在发生变化，但这一部分的资金不会改变，其中包括所占用的现金、原材料的储备、必要的成品储备、厂房和机器设备等。

流动资金是指随着产量和销售的变化而变化的资金。它通常包含原材料、外购件等直接构成的实体所占用的资金。此外，在最低准备金之外现金、存货、应收账款等也具有流动性。

二、权益筹资

权益筹资是指企业通过吸收直接投资，发行股票，利用留存收益来募集资金。权益筹资是一种最基础的权益手段。

（一）吸收直接投资

吸收直接投资是指通过吸收国家、法人、个人和外商的直接投资，实现"共同投资、共同经营、共同承担风险、分享收益"的筹资模式。吸收直接投资不属于股份制企业筹资的最根本途径。对吸收直接投资的企业而言，其资金不能分成等值股权，也不需要公开发行。在实际出资额的吸收直接投资中，以注册资本的形式构成实收资本；超出注册资本的，即为资本溢价。

1．吸收直接投资的种类

（1）吸收国家投资。国家投资是指具有政府权力的政府机关或单位将其国有财产注入企业，在此情形下所形成的资金叫作"国有资本"。按照《企业国有资本与财务管理暂行办法》，企业在持续经营中使用盈余公积、资本公积转增资本的，应当由企业董事会或经理办公会做出决议，并报主管财政部门备案；企业的设立是由董事会做出的，并经股东大会批准。

总体上，吸收国家投资有三大特征：

1）产权归国家所有。

2）资金使用和处理受到政府的限制。

3）更多地应用于国有企业。

（2）吸收法人投资。法人投资是指企业将合法拥有的财产投入企业中，在此情形下所形成的资金叫作法人资本。

一般情况下，吸收法人投资有三大特征：

1）在法人单位之间进行。

2）为了参与公司的利益分配和控制。

3）投资形式多种多样。

（3）合资经营。合资经营是一种由两个或多个不同国家的投资者共同投资，共同经营，共同承担风险，分享利益。在我国，中外合资企业又称"股份合作"，是指外国公司、企业或其他经济组织或个人在中国与中国的公司、企业或其他经济组织的合作，通常具有以下五种特征：

1）根据中国法规，合资公司是在中国注册的中国法人。

2）合伙企业为有限责任公司。

3）外国合伙人的注册资金通常不少于25%。

4）根据《中华人民共和国中外合资经营企业法》及其他有关法规规定，在合营企业的经营范围内。

5）合资企业的注册资本与总投资额应当保持一定的比例，其中，投资总额是根据企业的合同和章程规定的生产规模而必须投入的基建资金和生产流动资金的总和。

（4）吸收社会公众投资。社会公众投资是指由社会个人或者本企业的员工以其合法的财产进行投资，在此情形下所形成的资金叫作"个人资本"。

总体而言，社会公众投资的特征主要表现在以下三个方面：

1）参与投资人数增加。

2）每个人的投入都比较小。

3）为了参加公司的利益分配。

2．吸收直接投资的出资方式

（1）现金出资。以现金出资是一种主要的出资方式，其在资金运用方面具有较大的弹性。

（2）以实物出资。以实物出资是投资者以固定资产，如房屋、建筑物、设备、材料、燃料、商品产品等为流动资产的投资。一般而言，实物投资必须满足下列三项要求：

1）确实是企业生产、经营和科研需要的。

2）具有良好的技术性能。

3）价格公正、合理。

（3）以工业产权出资。以工业产权出资，是指投资人以商标、专利权及非专利技术等无形资产进行投资。投资人必须满足下列四项要求：

1）对企业进行高技术新产品的研发和生产具有一定的帮助。

2）对提高企业的生产效率、改善产品品质具有重要的意义。

3）帮助企业减少各类消耗，如生产消耗、能源消耗等。

4）价格公正、合理。

（4）以土地使用权出资。土地使用权是指土地所有者有权在一段时间内从事建设、生产和经营等活动。土地使用权是一种相对独立的制度，在土地使用权存在的过程中，任何个人、单位，包括土地拥有者，不得随意收回或干涉土地使用权人的生产经营活动。企业在取得土地使用权时，必须满足下列三项条件：

1）确实是企业的科研、生产和销售的需要。

2）交通和地理条件比较适合。

3）直接投资权或资产的价格是公正和合理的。

3．吸收直接投资的程序

（1）确定筹资数量。吸收投资一般是在企业开办时使用的一种筹资方式。企业在经营过程中，如果发现自有资金不足，也可采用吸收投资的方式筹集资金，但在吸收投资之前，必须确定所需资金的数量，以正确筹集所需资金。

（2）寻找投资单位。企业在吸收投资之前，需要做一些必要的宣传工作，以便使出资单位了解企业的经营状况和财务情况，有目的地进行投资，这将有利于企业在较多的投资者中寻找最合适的合作伙伴。

（3）协商投资事项。寻找到投资单位后，双方便可进行具体的协商，以便合理确定投资的数量和出资方式。在协商过程中，企业应尽量说服投资者以现金方式出资。如果投资者的确拥有较先进的适用于企业的固定资产和无形资产等，也可用实物、工业产权和土地使用权进行投资。

（4）签署投资协议。在初步磋商之后，如果没有什么不同意见，可以进行进一步的磋商。本节主要讨论了实物投资、工业产权投资、土地所有权投资等问题。一般情况下，由各方按照公正、合理的原则进行价格谈判，如有较大的纠纷，可以由相关的资产评估机构进行评估。当出资金额、资产作价确定后，即可签订出资协议或合同，以明确各方的权利和责任。

（5）共享投资利润。企业在吸收投资之后，应按合同中的有关条款，从实现的利润中向投资者支付报酬。投资报酬是企业利润的一个分配去向，也是投资者利益的体现。企业要妥善处理这个问题，以便与投资者保持良好的关系。

4. 吸收直接投资的优点和不足

（1）吸收直接投资的优点。

1）对提升公司的信誉是有益的。吸收直接投资所得的资金是企业自有资金，属于股东权益。与借入资金比较，吸收直接投资可以降企业的资产负债率、提高企业的信誉、提高企业的债务偿还能力、扩大企业的经营规模。

2）对尽早实现产能是有利的。吸收直接投资不但可以获得资金，而且可以获得必要的设备和技术，使企业能够在最短的时间内具备生产和运营能力。

3）对降低财务风险是有益的。在吸收直接投资后，给予投资者报酬的方式也较为灵活，如果企业的运营情况良好，可以给投资者更多的回报；当企业的运营情况不佳时，可以减少支付报酬，降低财务风险。

（2）吸收直接投资的缺点。

1）投资成本高。由于投资人要参加分红，因此，若公司获利丰厚，则分红收益会比举债的成本高得多。

2）企业控制权的分散。在引入直接投资的过程中，投资者通常会要求企业拥有与其投资规模相符的经营管理权。当外部投资者投入大量资金且超过一定比例时，就会获得企业的控制权，从而造成企业的控制权分散。

（二）发行股票

1. 股票的定义与分类

（1）股票的定义。股票是指股份有限公司为了募集股权资本而发行的一种文件，它表明了股东在其所拥有的股份中所享有的权利和责任。股票是一种以股权形式存在的凭证，它是以企业的净资产为基础的，只有有限责任公司才能发行。股票筹资是上市公司筹资的重要途径。

股票具有永久性、流通性、风险性、参与性等特征。

股东最基本的权利就是按照持有公司的股权比例，依法拥有获取公司收益、参与公司重大决策、挑选公司经理的权力以及以持有公司股份为限对公司负有责任。

（2）股票的分类。

1）根据股东的权利和义务，可以将股份分成普通股和优先股两类。

普通股是指由股份有限公司所发行的股份，它代表了股东权利和义务的平等，没有特殊的限制，而且没有固定的红利。

普通股是股份中最基础的一种，它具备了股票的普遍特性，是公司资本的基础。普通股股东享有投票权、利润分享权和剩余财产分配权，并承担了公司的运营风险。

优先股是指股份有限公司所发行的股票，其优先权体现在对普通股的优先权和对剩余财产优先权的划分上。优先股股东没有投票权，不能参与公司的经营管理，只能在优先股的问题上行使表决权。

2）根据股票面值的不同，可以将股票分为记名股和不记名股两种。记名股票是指在股票票面上记录股东的名字或记入公司名册上的名称；公司仅记录股票的数量、编号和发行日期。

《公司法》规定，公司向发起人、国家授权的投资机构、法人发行的股份为记名股票；公开发售的股票，可以是记名或不记名的。

3）根据发行的目标和地区，可将股票分为 A 股、B 股、H 股、N 股、S 股等。A 股指的是国内公司在国内市场上发行的一种股票，其面值为人民币，以人民币进行认购和交易。B 股是一种特殊的人民币，是国内公司在国内市场上发行的一种特殊的股票。H 股是指在内地和我国香港注册的公司，以此类推。纽约、新加坡的股票，都是 N 股和 S 股。

2. 股票的发行

（1）在主板和中小板上市公司的首次公开发行条件。

1）主体资格。合法存在 3 年或更长时间的，其具体内容包括：①发行人为依法成立并合法存在的股份有限公司；②发行人自设立之日起，除经国务院核准之日起，连续营运超过三年；③将有限责任公司按照其原有账面价值进行股权转让的，其持续经营期可以自其设立之日开始计算。

资金充裕。发行人的注册资金已经全部缴清，发起人、股东所投资的资产已经完成了产权转让，并且发行人的主要资产没有发生任何重大的产权纠纷。

符合生产和运营要求。公司的经营活动符合法律、行政法规和公司章程，符合国家的产业政策。

近三年来一直很稳定。发行人在近三年的主营业务及董事、高级管理人员未发生重大变动，实际控制人未发生任何变动。

股权结构明确。公司控股股东、控股股东、实际控制人控制的股东所持股份不存在产权纠纷。

2）规范运行。发行人的董事、监事、高级管理人员符合法律、行政法规的要求，并且不存在以下情况：①被中国证监会禁止进入的；②在最近 36 个月内被中国证监会处罚，或在近 12 个月内被证券交易所公开谴责的；③中国证券监督管理委员会对其进行了调查，但没有得到确切结论的。

①发行人在过去 36 个月内，未经法定部门批准，擅自公开发行股票；②在过去 36 个月内，因违反工商、税务、土地、环保、海关等法律、行政法规而被行政处罚；③在过去 36 个月内，曾经在中国证券监督管理委员会提交的上市申请材料有虚假记载、误导性陈述或重大遗漏，或者通过欺诈方式骗取上市批准，或者通过其他方式妨碍中国证监会和发行审核委员会的审查，或者伪造发行人董事、监事、高级管理人员的签字、盖章；④本公司提交的上市申请材料有虚假记载、误导性陈述、重大遗漏；因涉嫌犯罪被检察机关立案调查，目前尚无定论；其他对投资者及社会公众利益构成重大危害的情形。

公司章程规定了对外部担保的审批和审议过程，不存在为控股股东、实际控制人和控制的其他企业提供违规担保的情况。

发行人拥有严格的资金管理体系，公司的资金不能被控股股东、实际控制人及其控制的企业以借款、代偿、代垫等形式占用。

3）财务与会计。5 项主要财务指标，即发行人必须满足以下条件：①净利润：近三个会计年度净利润为正数且累计超过人民币 3 亿元，净利润以扣除非经常性损益前后较低者为计算依据；②现金流量净额、营业收入（两者均满足其中一项）：最近 3 个会计年度的现金流量净额超过人民币 5000 元，或最近 3 个会计年度营业收入累计超过人民币 3 亿元；③总股本：本次发行前的总股本不低于三千万元；④无形资产：在最近一期期末（扣除土地使用权、水面养殖权、采矿等）中，无形资产占总资产的比重不超过 20%；赔款情况：最近一期结束时没有未补偿的损失。

在发行人的申报材料中，不得存在以下情况：①故意疏忽或捏造交易、事项或其他重大资料；②不合理的会计政策和估计；③操纵、伪造或计算变更财务报告所依据的会计记录或其他有关凭证；④发行人的经营模式、产品或服务的种类结构已或将出现重大变动，对公司的可持续获利能力造成严重的负面影响；⑤发行人行业状况已或将出现重大变动，对公司的可持续盈利能力产生严重负面影响；⑥发行人在上一会计年度的经营业绩和净利润，主要依靠关联方和具有重要不确定性的客户；⑦发行人上一会计年度的净利润为非合并报表范围内的投资所得；⑧发行人在用的主要资产和技术，如商标、专利、专有技术和专有技术的可能发生重大的不利变动；其他情况会严重影响发行人的盈利。

（2）公司首次公开发行股票的规定。

1）组织机构健全，运作良好。

2）盈利具有可持续性。

3）财务情况良好。

4）公司最近36个月的财务报表中没有任何虚假记录，没有任何重大的违规。

5）募集资金的金额和用途必须遵守有关规定。

6）不存在不得公开发行证券的情形。

（3）股票发行的程序。

1）设立时发行股票的程序，其具体步骤如下：

第一步，提出募集股份申请。

第二步，公告招股说明书，制作认股书，签订承销协议和代收股款协议。

第三步，招认股份，缴纳股款。

第四步，召开创立大会，选举董事会、监事会。

第五步，办理设立登记，交割股票。

2）增资发行新股的程序，其具体步骤如下：

第一步，由股东大会来决定是否要发行新的股票。

第二步，董事会应报国务院指定的主管机关或者省级人民政府，并得到有关部门的批准。

第三步，公告新股招股说明书和财务会计报表及附属明细表，与证券经营机构签订承销合同，定向募集时向新股认购人发出认购公告或通知。

第四步，招认股份，缴纳股款。

第五步，改组董事会、监事会，办理变更登记并向社会公告。

（4）股票发行的方式。股票发行的方式可分为以下两种：

1）公开间接发行。公开间接发行是指公司在证券市场上进行的一次公开发行。该方法具有广泛的发行规模、较多的发行目标，因此，较容易筹集到足够的资金，同时也能提升企业的品牌形象，扩大企业的影响力；但是，在公开发行的过程中，审批程序烦琐、苛刻、费用高昂。公开发行的股票有两种类型：首次上市公开发行股票和上市公开发行股票。首次上市公开发行股票是指股份有限公司向社会公开发行股票并在市场上进行交易的一种形式。上市公司公开发行股票，是指在证券交易所、证券市场向社会公众发行的股票。上市公司公开发行股票分为两种，一是增发，二是配股。增发是指在发行股份时，通过再筹资的形式向社会公开发行股份；配股是指公司将股份重新分配给原始股东。

2）不公开直接发行。不公开直接发行股票，是指股份公司只向少数特定对象直接发行股票，不需要中介机构承销。这种发行方式弹性较大，企业能控制股票的发行过程，节省发行费用；但发行范围小，不易及时足额筹集资本，发行后股票的变现性差。

（5）股票的销售方式。股份有限公司在向社会公开发行股票时可采取自销和委托承销两种方式。

1）自销。自销是指发行公司自己直接将股票销售给认购者。采用此种方式可以节省发行费用，但筹资时间长，并要承担全部发行风险。

2）委托承销。委托承销是指发行公司将股票销售业务委托给证券经营机构代理，是发行公司普遍采用的。委托承销又分为包销和代销两种办法，包销是根据承销协议商定的价格，证券经营机构一次性全部购进发行公司公开募集的全部股份，然后以较高的价格出售给社会上的认购者。

而代销指证券经营机构代替发行公司销售股票，并由此获取一定的佣金，但不承担股款未募足的风险。

3．股票的上市

股票上市是指股份有限公司公开发行的股票经批准在证券交易所挂牌交易。经批准在交易所上市的股票称为上市股票，股票获准上市的股份有限公司称为上市公司。

（1）股票上市的目的。股份公司申请股票上市，一般出于以下五个目的：

1）筹措资金。

2）提高公司股票的流动性和变现性，便于投资者认购、交易。

3）使股权社会化，防止股权过于集中。

4）确定公司的价值，促进公司实现财富最大化目标。

5）提高公司的知名度，吸引更多顾客。

但是，上市也存在一些负面影响，其中包括公司的信息披露要求会使公司的商业秘密曝光；股票价格的波动有时会扭曲公司的现实情况，从而损害公司的信誉。

（2）股票上市条件。按照《证券交易所股票上市规则》的规定，公司的股票上市，必须满足以下条件：

1）中国证券监督管理委员会批准的公司股票方可上市。

2）公司的总股本不低于五千万元。

3）本公司已公开发售的股票超过25%；如果公司的总股本在四亿元以上，则其公开发售的股票占 10% 或更多。

4）公司在近三年内没有发生严重的违法违规行为，且公司的财务报表中没有任何虚假记录。

5）符合证券交易所规定的其他条件。

4. 普通股筹资的优缺点

（1）普通股筹资的优点。

1）无固定股利负担。如公司获利，并认为适宜派发红利，可向股东分红；如果一个公司的利润很低，或者即使有利润但是资金不足，或者有更好的投资机会，那么就可以减少或不发放红利。不管公司是否盈利或盈利多少，都要为其偿付债券或借款的利息。

2）无固定期限，无须偿付。这是一家公司的永久资产，只能在公司的清算中才偿还。这是确保公司最低资本需求，促进公司持续、稳定运营的关键所在。

3）筹资风险小。因为普通股股票没有固定的期限，而且通常不会发放固定的红利，所以不会出现偿付利息的危险。

4）能提高公司的信誉。公司的资本实力是公司筹措债务资金的信用基础，公司有了较多的股权资本，就能提高公司的信用价值，增强公司的举债能力。

5）筹资限制较少。利用优先股和债券筹资通常有许多限制，而利用普通股筹资则没有这些限制。

（2）普通股筹资的缺点。

1）资金成本较高。一般而言，股票筹资的成本要大于债务资金，股票投资者要求有较高的报酬，而且股利要从税后利润中支付，而债务资金的利息可在税前扣除。另外，普通股的发行费用也较高。

2）容易分散控制权。企业发行新股时，出售新股票、引进新股东会导致公司控制权分散。

（三）利用留存收益

1. 留存收益的概念

从性质上看，企业通过合法有效的经营所实现的税后净利润均属于企业的所有者。因此，属于所有者的利润包括分配给所有者的利润和尚未分配留存于企业的利润。留存收益是留存在企业内部未向外分配的利润。

2. 留存收益的筹资途径

（1）提取盈余公积。盈余公积是指有指定用途的留存净利润，其提取基数是抵减年初累计亏损后的本年度净利润，包括法定盈余公积和任意盈余公积。

（2）未分配利润。未分配利润是指未指定用途的留存净利润，是经过弥补亏损、提取法定盈余公积与任意盈余公积和向投资者分配利润等之后剩余的利润，是企业留待以后年度进行分配的历年结存的利润。企业对未分配利润的使用有较大的自主权。

3. 利用留存收益筹资的优缺点

（1）利用留存收益筹资的优点。

1）不发生筹资费用。通过留存收益筹集资金，没有固定利息和到期偿还本金的负担，可以节约筹资成本。

2）有利于保持普通股股东的控制权。利用留存收益筹资，不用对外发行新股或吸收新投资者，由此增加的权益资本不会改变公司的股权结构，不会稀释原有股东的控制权。

3）增强公司的资信和借款能力。留存收益筹资所筹措的资本是股权资本，它可以增强公司的资本实力，改善公司的资本结构，增强公司的资信状况和偿债能力，提高公司的信用基础，继而增强公司的借款能力。

（2）利用留存收益筹资的缺点。

1）筹资数额有限。当期留存收益的最大数额是当期的净利润，而外部筹资一次性可以筹措大量资金。

2）资金使用受制约。保留盈余的数量常常会受到企业经营水平和个别股东的限制，毕竟其筹资数额有限，还属于内部筹资，在资金使用上会受到制约。

三、负债筹资

负债筹资形成企业的债务资金，债务资金是企业通过长期借款、向社会发行公司债券、筹资租赁等方式筹集和取得的资金。长期借款、发行公司债券、筹资租赁是负债筹资的基本形式。

（一）长期借款

长期借款是指企业向银行或其他非银行金融机构借入的期限在1年以上（不包括1年）或超过1年的营业周期的各种款项。我国企业的长期借款主要是向金融机构借入的各项长期性借款，如从各专业银行、商业银行取得的贷款。除此之外，还包括向财务公司、投资公司等金融企业借入的款项。

1. **长期借款的种类**

（1）按借款的条件分类。根据贷款的性质，可以将长期贷款分为信用借款和担保贷款两类。

信用借款是基于借款人的信用或担保机构的信贷。这种贷款不需要以资产做抵押物，因为它具有很高的风险，因此，银行一般都要向借款人索取高额的利息，而且常常会有一些限制条件。

担保贷款是指在法律上，借方或第三者为其提供担保而取得的借款。担保包括保证责任、财产抵押、财产质押等三大类，其中担保借款包括保证借款、抵押借款和质押借款。

（2）按提供借款的机构分类。根据借款机构的不同，可以将长期借款划分为政策性银行借款、商业性银行借款以及其他金融机构借款。

政策性银行贷款是一种以国家政策为基础的银行向公司提供的贷款，一般都是以长期借款为主，例如由国家发展银行提供的，其主要目的是解决国家重大工程项目的筹资需求；中国进出口银行贷款业务，其业务范围包括：向大型设备的进出口提供买方信用或卖方信用；中国农行贷款的目的是保证国家粮食、棉花和石油等政策性收购的资金供应。

商业银行贷款是中国工商银行、中国建设银行、中国农业银行、中国银行等商业银行向公司贷款。主要用以满足企业生产经营的资金需要，包括短期借款和长期借款。

其他金融机构借款，例如，信托投资公司的有形或货币贷款，财务公司各种中长期借款、保险公司借款。其他金融机构的借款期限通常要比商业银行长，而且对贷款公司的信贷需求和担保条件要求也更加苛刻。

（3）按企业取得借款的用途分类。根据企业借款的目的，可以将其划分为基本建设借款和专项贷款。

基本建设借款是指在从事基本建设、改建、扩建等方面所需资金时，向银行借出的贷款。

专项贷款是指企业为特殊目的而向银行申请贷款，其中包括技术改造贷款、大修理贷款、研发和新产品开发贷款、技术研发贷款、出口贷款、技术转让贷款、设备贷款等。

2. **长期借款的程序**

以长期银行借款为例，企业借款的基本程序如下：

（1）企业提出借款申请。企业申请借款，必须填写包括借款金额、借款用途、偿还能力以及还款方式等主要内容的借款申请书，并提供相关资料。

（2）金融机构审查。金融机构审查的内容一般包括以下三个方面：

1）对借款人的信用等级进行评估。

2）对借款人的信用及借款的合法性、安全性和盈利性等情况进行调查，核实抵押物与保证人情况，测定贷款的风险。

3）贷款审批。

（3）签订借款合同。借款合同的内容分为基本条款和限制条款。基本条款是借款合同必须具备的条款，一般包括借款种类、借款用途、借款金额、借款利率、借款期限、还款资金来源及还款方式、保证条款、违约责任等。限制条款是为了降低贷款机构的贷款风险而对企业提出的限制条件。限制条款分为一般性限制条款、例行性限制条款和特殊性限制条款。一般性限制条款包括对企业流动资金保持量的要求、支付现金股利的限制、资本支出规模的限制及其他债务限制等。例行性限制条款包括企业必须定期向贷款机构提交财务报表、不准在正常情况下出售较多资产、及时清偿到期债务、禁止企业贴现应收票据或转让应收账款、不得为其他单位或个人提供担保等。特殊性限制条款包括贷款专款专用、不准企业过多地对外投资、企业主要领导要购买人身保险且在合同有效期内担任领导职务等。

（4）企业取得借款。借款合同签署后，按批准的贷款额度，按项目进度和实际需求，分期向企业指定的银行账户进行资金周转。

（5）企业偿还借款。企业应当及时、足额地归还贷款本金，并按照贷款合同规定偿还。通常，在一个月之前，银行就会给贷款公司发出一份还款通知。在收到还款通知后，要及时准备好资金，按时支付利息。

3. 长期借款筹资的优缺点

（1）长期借款筹资的优点。

1）筹资迅速。与发行公司债券、筹资租赁等其他筹资方式相比，长期借款流程较为简便，花费的时间也更少，而且公司能够很快地筹集到所需要的资金。

2）借款的弹性比较大。在借款前，公司会与诸如银行这样的贷款机构，根据资金需要，直接就贷款的时间、数量和条件达成协议。在借款期间，如果企业的资金情况出现了变化，可以通过与债权人重新协商，改变借款数额、时间、条件，或者提前还款。所以，企业在筹资长期借款方面更具弹性。

3）借款费用降低。长期借款的利率负担普遍低于发行证券和租赁筹资，而且无须承担证券发行费用、租赁手续费用等筹资费用。

4）能够发挥财务杠杆作用。当投资回报率高于贷款利率时，企业会得到更高的杠杆回报。

（2）长期借款筹资的缺点。

1）高的财务风险。如果企业的经营状况不佳，则有无法偿付的风险，甚至有破产的危险。

2）资金的数量有限。长期借款金额通常受限于放款机构的资本实力，很难一次性募集到大量的资金，不能像发行公司债券、股票那样，进行大规模筹资。

3）更多的限制性条款。与发行公司债券相比，长期借款合同对借款的用途有了清晰的界定，并在一定程度上对企业的资本支出、再筹资、股利支付等进行了严格的限制，并在一定程度上影响了企业的生产、管理和财务政策。

（二）发行公司债券

公司债券也叫企业债券，是指按照法律程序发行的，约定在一定的时间内偿还债务的一种有价证券。债券是指债权人对公司债权的一种书面凭证，它代表了债权人和发债公司之间的债权和债务的关系。

1. 发行公司债券的条件

《证券法》规定，上市公司债券必须满足以下条件：

（1）有一个健全和有效的组织结构。

（2）公司最近三年的可分配利润可供公司债券一年之用。

（3）国务院规定的其他条件。

公司债券募集的资金，应当按公司债券募集方式规定的资金用途进行；变更基金的使用，应由股东大会通过。上市公司债券募集到的款项，不能用来填补亏损和非生产开支。

2. 公司债券的种类

公司债券可分为多种类型，其分类方法有：

（1）根据记名与否进行分类。根据是否记名，债券可以分为记名公司债券和无记名公司债券。

记名公司债券，其内容包括债券持有人姓名、住所、债券持有人取得债券的时间和债券号码。公司债券由债券持有人以背书方式或法律、行政法规规定的其他方式转让，转让后由公司将受让人的姓名或者名称及住所记载于公司债券存根簿。

无记名公司债券，其内容包括在公司债券存根簿上标注发行日期和债券的数量、利率、偿还期限和方式、发行日期和债券编号。一种转让不记名的公司债券，在将其交给受让人时，其转移的效力就产生了。

（2）按有无特定财产担保分类。根据是否具有特殊的资产作担保，可将其划分为担保债券和信用债券。

担保债券是一种以抵押方式保证发行人按时偿还债务的债券。根据抵押担保物的种类，抵押债券可划分为不动产抵押债券、动产抵押债券和债券信托抵押债券。

信用债券是一种没有担保的债券，它是由企业仅凭自己的信用发行的，没有任何抵押物作为抵押。在公司破产时，由于没有特别的资产做抵押，信用债券持有人仅以普通债权人的身份参加剩余财产的分配。

（3）按能否转换为公司股票分类。根据是否可以转换成公司股份，可以将其分成两类：可转换债券和不可转换债券。

可转换债券是指在一定期限内，持有人能够按照一定的期限将其转换成债券公司的债券。该公司在其发行时，对其转换成股票的价格和比例等进行了详尽的规定。《中华人民共和国公司法》对可转债的发行进行了明确的界定。

不可转换债券，是无法将其转换成债券公司的债券。大部分的公司债券都是这样的。

3. 公司债券的发行程序

（1）做出发债决议。公司拟发行公司债券，需经公司董事会拟定，经公司股东大会核准后做出决定。

（2）提出发债申请。按照《证券法》的有关规定，公司在证券交易所上市，须经国务院证券监管部门核准。公司的申报须提供公司营业执照、公司章程、公司债券募集办法、资产评估报告、验资报告。

（3）关于募集方式的公告。公司在申请通过后，要将其资金募集方式向社会公布。公司债券的发行可以分为私募发行和公募发行两种。私募发行是指以特定的小股东作为指定的目标进行证券发行；公募发行是指面向广大的非特定投资者在股票市场上进行的一种发行。

（4）委托证券经营机构发售。根据我国有关公司债券发行的法律法规，公司债券采用非公开发行的形式。在此基础上，发行人和承销商之间订立了一份承销合同。承销团是指由多个券商或投行构成的，其承销形式可分为代销和包销两种。代销是由承销机构代为销售，在规定时间内，尚未卖出的剩余部分可以退回发行公司，承销机构不承担任何风险。包销是指承销商首先购买发行公司所发行的所有债券，然后向社会投资者销售，若在规定时间内无法全部卖出，则由承销团承担风险。

（5）交付债券，收缴债券款。债券购买者付款给承销商购买债券，而承销商则将其提供给购买者。然后，发债公司收取债券的款项，注册债券的存根，并支付发行代理费用。

4．债券的发行价格

债券的发行价格是以债券到期还本面值按市场利率折现的现值与债券各期利息的现值为基础的。发行债券分为等价发行、折价发行和溢价发行。等价发行也叫票面发行，是以票面价值卖出；折价发行是指在债券票面价值以下的股票；溢价发行是以比债券票面价值更高的价格卖出。

由于资本市场的利率变动频繁，公司债券发行后不能调整其票面利率，因此，债券价格会出现溢价或折扣。国债从开印到发行，通常要经历一段时期，而在此期间，当市场利率出现波动时，必须通过调整发行价格来保证债券的发行。也就是在票面利率比市价高的情况下，以溢价方式进行债券的发行；在票面利率比市盈率低的情况下，以折扣价格发行债券；当票面利率与市盈率相等时，就可以以等值的价格发行。

第二节　项目投资管理

一、投资管理概述

（一）投资的含义

投资活动是企业生产经营活动的起点，企业通过筹资获取资金后，必须将资金投入生产经营，以获取更多的经济效益。企业的投资可以分广义投资和狭义投资。广义投资是指特定经济主体（包括政府、企业和个人）将筹集到的货币、实物资产等作为资本投放于某一个具体对象上，以期在未来较长时间内获取预期经济利益的经济行为，既包括企业内部使用资金的过程（购建厂房、设备、无形资产等），又包括对外投放资金的过程（购买股票、债券等）。狭义投资是指对外投资，本节中的投资指的是广义投资。

（二）企业投资的分类

对企业的投资进行归类，有助于明确其性质，根据其特征和需求做出投资决策，并强化其管理。

1. 按投资与企业生产经营的关系分类

根据投资与企业的生产和运营的关系，可以把投资分为直接投资和间接投资两种，即将资金投入到具有一定生产和运营能力的实物资产中，从而获得直接的运营收益。企业通过直接投资购置设备，配置特定的生产要素，如劳动力、劳动资料和劳动对象，进行企业生产和运营活动。

间接投资是一种将资金投入股票或债券等权益资产以获取利息、股利或资本收益的一种投资方式。所谓间接投资，是指发行公司在募集到一定的资本后，将其投入到具有一定生产和运营能力的实体资产中，从而获得运营收益。而非直接投资主体则不参与公司的具体生产和运营，而是通过对股权、债券等金筹资产进行利益分配，从而获得红利和利息收入，进而实现直接投资的运营收益。

2. 按投资对象的存在形态和性质分类

根据其存在形式和特征，可将其划分为项目投资与证券投资。

通过对有形、无形资产等实物资产的购买，能够形成特定的企业生产和运营能力，让企业进行实质性的生产和运营工作，获取经营利益，这种投资叫作"项目投资"。工程建设是以改善生产条件和扩大生产能力为目标的直接投资。

企业可以通过投资购买有价证券，间接地控制被投资单位的生产和运营活动，从而获得投资收益，这就是所谓的有价证券投资。

3. 按投资活动对企业未来生产经营前景的影响分类

根据投资活动对企业未来的生产与经营前景的影响，可以将其划分为发展性和维持性两种类型。

发展性投资是指对公司未来生产、管理和发展大局具有重要意义的投资。发展投资也可称作战略投资，例如，投资于企业合并或兼并、转换新产业、投资于新产品、扩大生产规模等方面。发展性投资项目的实施，常常会使企业的经营方向、经营范围发生变化，或使企业的生产和运营能力得到显著提高，或对企业进行战略性调整。

维持性投资是指在不影响企业未来生产和发展大局的前提下，保持企业现有的生产和运营的平稳运行。维持性投资又被称作战术性投资，例如，对老设备的更新、对设备的补充、对流动资金的投资、对生产技术革新的投资。维持性投资项目所需资金少，对企业的生产和运营前景没有太大的影响，且投资风险相对较低。

4. 按投资活动资金投出的方向分类

根据投资活动的投入方向，可以将其划分为对内和对外投资两大类。

对内投资是指将资金投入到公司内部，用于企业各类生产经营活动。对外投资是将资金投入到公司经营范围之外的其他机构。对外投资主要是通过投资、合作、交换股权、购买证券等方式，以现金、有形资产或无形资产等形式，将资金投向企业以外的其他机构。

5. 按投资项目之间的相互关联关系分类

根据投资项目间的联系，可以将其划分为独立投资和互斥投资两种。独立投资是兼容性的，不同的投资项目不会相互影响，也不会相互制约。在一个独立投资项目中，其他的投资项目是否被采用，不会对该项目的决策产生明显的影响。所以，在进行独立投资时，首先要考虑的是，它是否符合一定的决策准则，而不用考虑其他因素的影响。例如，一家公司规定，只要公司提出的投资计划期望回报达到15%以上，就可以执行。期望回报率为15%是独立投资的决定准则，只要把计划的期望回报率提高到15%就可以了。

互斥投资属于兼容性投资，不同的投资项目相互关联、相互替代，无法共存。在互斥投资项目中，其他投资项目的接受与放弃将会对项目的决策产生重要的影响。如果其他投资项目已经通过，那么这个项目将无法通过。所以互斥投资项目的决策要考虑到各个方案的优劣，可能每一种方案都是可行的，但要在这些方案中选出最好的。举例来说，公司的现有设备要更新，要购置新的设备，要处理老的设备，只能在两者中做出取舍，这是一种相互影响的关系。

6. 按项目投资的风险程度分类

按项目投资的风险程度分类，投资可分为确定性投资和风险性投资。

确定性投资是指对未来情况可以较为准确地予以预测的投资。未来结果较为确定，风险很小，企业在进行此类投资决策时可以不考虑风险的问题。

风险性投资是指未来情况不确定、难以准确预测的投资。由于未来结果难以确定、风险大，企业在进行此类投资决策时应充分考虑风险问题，采用科学的分析方法，做出正确的投资决策。企业的大多数战略性投资都属于风险性投资。

7. 按投资回收时间的长短分类

从投资的回收期来看，可以把投资分为短期投资和长期投资两种。

短期投资，也就是所谓的流动资产，指一年之内可以收回的投资。

长期投资指的是固定资产，如厂房、机器设备等以及无形资产和长期有价证券。由于固定资产在长期投资中占有很大的比例，所以，它通常是指固定资产。

（三）企业投资的意义

在市场经济环境下，企业是否能够将募集到的资金投向风险低、回收快、收益高的项目，对企业的生存和发展具有重大的现实意义。

1. 投资是企业生存与发展的基本前提

投资是一种资本化的经营活动。企业在投资上购买了流动资产和长期资产，从而形成了生产条件和生产能力。不管是新建一家公司，还是建造一条生产线，都是一项投资。通过投资，可以确定企业的生产和运营方向，对各种资产进行合理的分配，使其能够有效地进行整合，从而使企业具有全面的生产和运营能力。企业的投资方向决定了公司的长远发展，所以，投资决策的正确性将直接关系到企业的成功和失败。

2. 投资是获取利润的基本前提

公司财务管理的目的在于持续地提升公司的价值，为股东带来更多的利益。要实现盈利，就要通过对各种资产的投资配置，进行各种类型的经营活动，并从中获取收益。只有在投资中形成了一定的生产和运营能力，才能进行特定的经营活动，从而获得经营收益。以股票、债券等有价证券的形式进行投资，既能获得红利，又能获得债券利息，还能获得资本收益。

3. 投资是降低企业经营风险的重要方法

企业在生产经营过程中面临着各种各样的风险，有来自市场的竞争风险，有来自资金周转的风险，还有来自原材料涨价、费用居高不下等其他成本风险。通过投资，可以将资金投向企业生产经营薄弱的环节，使企业的生产经营能力配套、平衡、协调，形成更大的综合生产能力。通过投资，企业可以把资金投向多个行业，实现多元化经营，如将资金投放于经营相关程度较低的产品或行业，增加公司销售和盈余的稳定性，降低资产的流动性风险、变现风险，增强资产的安全性。

（四）投资管理的程序

在企业的财务管理中，投资管理占有举足轻重的位置。由于企业的投资存在着巨大的风险，如果决策错误，将会对企业的经营和资金流动产生巨大的影响，甚至造成企业倒闭。所以，投资者要根据具体的投资流程，采用科学的方法，对投资进行可行性分析，以保证投资的正确性和合理性。投资管理由以下步骤组成：

1．提出投资方案

提出投资方案是投资程序的第一步，是根据公司的长远发展战略、中长期投资计划和投资环境的变化，在把握良好的投资机会的前提下，提出相应的方案。方案可以由企业高级管理人员或者各级管理部门和相关领导提出。一般而言，高级管理人员提出的投资方案大多是规模较大的战略性投资，如兴建厂房、构建生产线等；而由企业的基层或中层人员提出的投资方案多为战术性投资，如企业营销部门提出销售新产品方案、生产部门提出更新设备方案等。

2．评价投资方案

评价投资方案主要从四个方面进行：首先是对提出的投资方案进行分类，为各方案评价分析做好准备；其次是计算投资项目的建设期间与经营期间，测算投资项目投产后的现金流入、现金流出，估计投资方案每一期的现金流量情况；再次是运用相关投资评级指标，对各投资方案进行分析评价，并按照一定标准进行排序；最后是考虑资本限额等约束条件，编制评价报告，做出相应的投资预算。

3．确定投资方案

投资项目经过相应的评价之后，按照决策权限的高低由企业高层管理人员或者相关部门经理做出决策，最终选取最优方案。投资数额较少或影响较小的战术性投资或者维持性投资，一般由部门经理直接做出决策，而投资数额较大或影响较大的项目需由董事会或者股东大会批准。

4．实施并监控投资项目

投资项目一旦决策通过，企业需要积极筹集资金，按照既定的投资方案有计划、按步骤地实施投资项目，并且在项目实施过程中对项目的实施进度、工程质量、项目成本和工程预算等进行监督、控制、审核，以保证投资项目能够按照预算如期进行，顺利完成。除此之外，在投资项目实施过程中，也需要定期分析，将项目实际产生的现金流量与预期的现金流量进行对比，找出二者之间的差异，通过分析差异找出原因，并根据不同的情况做出延迟投资、放弃投资、增加或减少投资等后续处理。

5．事后审计与再次评价投资项目

投资项目完成之后，企业要进行事后审计与再次评价。企业内部审计机构将投资项目的实际表现与最初的预期相比，通过对差异进行分析可以更加深入地了解项目的关键点，如发现预测技术的不完善之处，寻找项目执行过程中存在的疏漏等。同时，还可以借助审计结果对管理投资项目的部门进行绩效评价，并据此完善激励制度，以提高投资管理效率。

二、投资项目的现金流量分析

（一）现金流量的含义

由一项长期投资方案所引起的在未来一定期间所发生的现金收支，称为现金流量（cash flow），又称现金流。投资决策中所使用的现金是指广义的现金，包括库存现金、银行存款等货币性资产，还包括投资项目需要投入的企业拥有的非货币性资产（如原材料、设备等）的变现价值。在一般情况下，投资决策中的现金流量通常指现金净流量（net cash flow，NCF）。

（二）投资项目现金流量相关假设

1. 全投资假设

假定在确定一个项目的现金流时，从公司投资者的角度考虑，不管投资的资金来源是自己的，还是借入的，都被认为是公司自有资金。

2. 时点指标假设

假定在计算项目现金流时，所涉及的各项指标都是在年初或者年底的时间点上进行的，不管是时点指标还是时期指标。其中，在建设期的相关年份开始进行建设投资，而在经营周期的最后一年也就是营业周期的第一年开始垫支的流动资金支付，而在营业期间，每年的营业收入、折旧（摊销）、利润、税金等都是在年末进行的；固定资产的剩余价值和周转资金都是在期末时进行的。

3. 确定性假设

假定价格、产量、销售量、成本水平、所得税税率等与项目的现金流相关的因素都是一个已知的常量。

4. 产销平衡假设

假设项目投资决策中，营业期每年的产量等于当年的销量。

5. 营业期与折旧年限一致假设

假设项目中的固定资产折旧年限或使用年限与营业期相同。

（三）投资项目的现金流量分析

1. 投资项目的生命周期

投资项目的生命周期大致可以分为三个阶段，即建设期、营业期、终结期。其中，建设期是指投资项目开始投资至投资完成期间，建设期的第一年年初为建设起点，建设完成日至项目清理日（项目生命周期的最后一年，也被称为终结点）为营业期。建设期产生的现金流量为初始现金流量，营业期产生的现金流量为营业现金流量，终结期产生的现金流量为终结现金流量。

2．现金流量的构成

根据现金流的流向，可将其划分为现金流入量、现金流出量和现金净流流量。其中，现金流入量是指企业的现金增加额；现金流出量是指计划导致公司的现金收益减少额；在某一时期，现金流入量与现金流出量之间的差值叫作现金净流量。这三种关系可以用以下方式来表示：

现金净流量 = 现金流入量 − 现金流出量

现金流入量大于现金流出量，现金净流量为正值；反之，现金净流量为负值。例如，在建设周期中，企业的净现金流通常低于或等于 0，而企业运营期间的净现金流量往往是正值。

按照项目投资现金流量的发生时间，投资活动的现金流量分为初始现金流量、营业现金流量和终结现金流量。因为使用这种分类方法计算现金流量比较方便，所以接下来将详细分析这三种现金流量。

3．投资项目的现金流量计算

（1）初始现金流量。施工期间的现金流，指投资项目的初始投资，包括长期投资、营运资金支付或机会成本。一般情况下，初期的固定资产投资通常是在一年内一次性投资（例如购置设备），如果最初的投资并非一次性（例如建设项目）投资，那么就将其划入不同的投入年份。

1）长期资产投资。长期资产投资主要包括购买、建造、运输、安装、试运行等方面的投资，如固定资产、无形资产、递延资产等长期资产的购置、建造、运输、安装和试运行等。投资完成后，因改善固定资产的性能而产生的改造费用，其最终成本为固定资产的后期投资。

2）营运资金垫支。营运资金垫支是指在已有能力的投资项目中，对流动资产进行追加投资。随着生产能力的扩张，原材料、产品、成品等流动资产也会随之增加，公司的日常运营资本也相应增加。与此同时，随着企业业务的不断发展，诸如应收账款等结算性流动负债也相应增长，从而为公司的日常运营提供了一定的保障。所以，用于这笔投资的营运资金是增加的流动资产和扩大的结转负债之间的净差额。

为了简化核算，营运资金垫支在营业期间内的流动可以被忽略，仅考虑建设期投资和终结期回款对现金流的影响。

（2）营业现金流量（营业现金净流量）。营业阶段是一个投资项目的重要阶段，它是一个在整个生命周期中处于生产和运营阶段的投资项目。这一时期的现金流入量和现金流出量都是存在的。现金流入量是指公司经营年度的经营收益（为了方便计算，将其视作现金流入），现金流出量则是指在经营期间的经营活动的付现成本，是付现成本在经营期间，由于正常的生产和运营，实际使用的货币资本（例如，营业现金和纳税，不含折旧及利息）。

所得税是指一项投资项目的现金支出，也就是现金流出量。在正常经营过程中，由于经营年度的经营收益及支付的经营费用均较为稳定，因此，如考虑所得税对投资项目现金流量的影响，投资项目正常营运阶段所获得的营业现金净流量，则可以采用以下公式计算。

$$营业现金净流量 = 现金流入量 - 现金流出量$$
$$= 营业收入 - 付现成本 - 所得税$$
$$= 税后营业利润 + 非付现成本$$

或

$$营业现金净流量 = 收入 \times（1 - 所得税税率）- 付现成本 \times（1 - 所得税税率）+$$
$$非付现成本 \times 所得税税率$$

式中，非付现成本主要包括固定资产年折旧费用、长期资产摊销费用、资产减值损失等。非付现成本指的是企业在经营期不以现金支付的成本费用，一般包括固定资产的折旧、无形资产的摊销额、开办费的摊销额等。

（3）终结现金流量。终结现金流量的主要来源为现金流入量，包括固定资产的变动收益、垫支付现成本、非付现费用的流动资本。

1）固定资产变价净收入。在投资项目结束时，原固定资产将从生产运营中撤出，企业对固定资产进行清理和处置。固定资产变价净收益是指在销售或废弃固定资产时，扣除清理费用后的净额。

2）垫支营运资金的收回。随着固定资产的销售和废弃，投资项目的寿命将会终止，公司将会销售与此项目有关的库存，并将应收账款和应付账款一并偿还。营运资金回到最初的水平，项目启动所需的营运资金将于项目完成后收回。

在实践中，一般采用投资项目的现金流量表来计算投资项目在不同时间点的现金流量数额，还可以计算出投资项目所涉及的资金流动的时间、金额，并为下一步的投资项目的可行性分析提供依据。

第三节　营运资金管理

一、营运资金管理概述

（一）营运资金的概念及特点

1. 营运资金的概念

营运资金是指在企业的生产和运营过程中所使用的流动资产。营运资金可分为广义营运资金与狭义营运资金。广义营运资金是指企业总的营运资金，即企业总的流动资产；所谓狭义营运资金，是指流动资产减去流动负债后的净额。本节所述的营运资金是狭义的营运资金，其营运资金的管理应包含对流动资产和流动负债两方面内容的管理。

（1）流动资产。流动资产是一项在一年内或一年以上的运营周期中能够变现或使用的资产。流动资产的特征是：占用时间短，周转快，易变现。公司流动资产越多，则会降低企业营运资金管理的财务风险。按照不同的标准，流动资产可以分为以下几种：

1）根据占用形态，将流动资产分为现金、公允价值计量的金筹资产、应收预付款、存货等。

2）根据流动资产在生产和运营中各个环节的不同，可以划分为流动资产、流通领域的流动资产和其他领域的流动资产。

（2）流动负债。流动负债是一项必须在一年内或一年以上的经营周期中偿付的债务。流动负债是一种具有成本低、偿还期短等特性的短期债务，因此需要对其进行有效管理。根据各种标准，流动负债有多种分类方法，其中最常用的方法是：

1）根据应付款金额的是否确定，可以将流动负债划分为应付数额确定的流动负债和应付金额不确定的流动负债。按应付金额计算的流动负债是指按合同或法律规定的期限内必须偿还的，如短期借款、应付票据、应付短期筹资券等。应付金额不确定的流动负债，是指在某一阶段或满足特定条件后，要按公司的生产和运营情况而定的流动负债，或者必须估算的应交税费、应付产品质量保证的债务等。

2）根据所形成的条件，流动负债可分为自然流动负债和人为流动负债。自然流动负债是指在没有任何正式安排的情况下，因清算过程或相关法律、规章等原因而产生的流动负债；人为流动负债是指财务人员按照公司对短期资本的需要而进行的人为安排，如短期银行贷款等。

3）根据是否支付利息，流动负债可以划分为有息流动负债和无息流动负债。

2. 营运资金的特点

（1）企业营运资金的来源是多元化的。企业通过吸收直接投资、发行股票、发行债券等途径来筹措长期资本。公司筹资与长期筹资相比，其筹资渠道更为灵活，主要有银行短期借款、短期筹资券、商业信贷、税费、应付股利、应付职工薪酬等。

（2）营运资金的数量是波动的。企业的流动资产规模随着企业内部和外部环境的不同而变动，时而高时而低，此起彼伏。季节性的企业和非季节性的企业皆是如此，流动负债的数量随流动资产的数量变化而变化。

（3）营运资金的周转具有短期性。公司所使用的流动资产，一般在一年或一年以上的经营周期中收回，对公司的影响相对较小。基于这种特性，企业筹资可以通过短期筹资，如商业信贷、银行短期借款等方式解决。

（4）营运资金的实物形态具有变动性和易变现性。企业的营运资金占用形态是不断变动的，其营运资金的每一流动都要经过采购、生产、销售等过程，一般按照现金、物料、在产品、产成品、应收账款和现金的顺序进行转换。因此，在对营运资金进行财务管理时，要对各种营运资金进行适当的分配，使其结构更加合理，从而保证企业的资金周转顺畅。同时，金筹资产、应收账款、存货等按公允价值计量的流动资产，通常都有很好的变现能力，如果出现突发状况，企业出现周转不灵、现金短缺的状况，可以通过变卖资产来获得现金，从而解决短期的筹资需要。

（二）营运资金的管理原则

企业的营运资金占资金总额的很大一部分，其流动周期较短且形式多变。因此，在企业的经营活动中，资本运作是一个非常重要的环节。营运资金管理必须遵守以下原则：

1. 满足合理的资金需求

对企业的生产和运营情况进行仔细的分析，并对营运资金的需求进行合理的规划和分析。企业的营运资金需求与企业的生产和运营行为有着密切的联系。一般来说，在生产和销售两方面，企业的营运资金和流动负债都会随之增长；而随着生产、销售的持续下降，公司的营运资金、流动负债也会随之下降。因此，企业财务人员要对其生产和运营情况进行认真的分析，运用某种手段对其进行预测，以保证其正常、合理的资金需求。

2. 提高资金利用效率

营运资金的流动，是指企业在生产运作中，将营运资金投入到生产运作中，并将其转换成现金。加快资金流动是提高资金利用效率的重要途径，而要有效地利用资金，必须通过有效的措施，缩短经营周期，加快资产的变现速度，从而促进资本的流动。所以，为了使有限的资本能够更好地为企业服务，为企业创造更好的经济效益，必须想方设法地加快存货、应收账款等流动资产的流转。

3. 节约资金使用成本

在企业的营运资金管理中，要正确处理好企业的生产和运营需求与节约资金成本的关系，并尽可能地减少营运资金的使用成本，以确保企业的正常运营。一是发掘资金潜能，加快资金流动，节约成本；二是要积极拓宽筹资渠道，优化资源配置，筹集低成本的资金，为企业的生产和运营提供有效的保障。

4. 保持足够的短期偿债能力

偿债能力是衡量企业财务风险水平的一个重要指标。因此，如何正确地分配公司的流动资产和负债之间的比率，并使其与流动负债的结构相适应，以确保公司的短期偿债能力。流动资产、流动负债和它们的相互关系能够很好地反映公司的短期偿债能力，流动负债是指短期内必须偿还的债务，而流动资产是能够在短期内转换成现金的。所以，当一个企业拥有更多的流动资产和更少的流动负债时，它就具有更好的短期偿债能力；反之，则表明其短期债务偿还能力较差。但是，如果企业拥有大量的流动资产，而非流动负债，这也是一种非正常的情况，这很有可能是由于公司的流动资产的闲置或者是由于流动负债的使用不够造成的。

二、现金管理

现金分为广义和狭义两种，广义现金是指企业在生产和经营活动中使用的货币形式，包括库存现金、银行存款和其他货币资金；狭义上的现金是指存货中的现金。此处所说的"现金"指的是广义的"现金"。

在企业的现金管理中，维持一个合理的现金流是一个非常关键的问题。现金是最具可变现性的资产，它反映了企业的直接付款和适应能力，能够满足企业生产、运营等各方面的需求，同时也是偿债、纳税的基本保障。充足的资金是企业降低风险、提高企业资产流动性、企业负债可偿还能力的关键所在。但是，现金的回报率是最低的，因为它的持有量并不多，甚至在银行里，它的利息都很低。所以，如果资金储备太多，那么其流动的边际效益就会降低，导致企业的利润水平降低。

除了处理日常的商业事务之外，企业还必须要有充足的现金来偿还贷款，抓住商机以应对紧急情况。企业应制定一种现金管理方式，保证现金的合理数量，同时保证其在一定的时间内持续、在一定的空间内共存、在流动性与盈利性之间做出合理的取舍。为了在一定时期内确保企业的现金流，使企业的现金流量达到最小化，使企业从暂时闲置的现金中获得最大的收益，从而达到增加资金收益率的目的。

（一）持有现金的动机

持有现金的动机有三个：交易性动机、预防性动机和投机性动机。

1. **交易性动机**

企业的交易性动机是指企业在经营中保证日常周转和企业经营活动所需资金。企业每天都要产生大量的开支和收入，这些开支与收入在时间上不一致，因此，为了维持生产和运营，必须要有足够的现金做调整。

在很多案例中，企业为顾客提供的商业信贷条件与其从供货商处得到的信贷环境不同，因此，企业必须持有一定的现金流。如果供货商约定在 30 天内支付货款，但由于市场竞争的压力，该企业将给予客户 45 天的信贷期限，以便企业能够继续经营 15 天。

此外，由于企业经营的季节性，企业需要逐步囤积库存，以等待季节性的销售高峰，在这个时候，通常会出现季节性的现金开支，企业的现金结余也会减少；接着，在销售高峰期来临时，库存开始下降，资金也慢慢回到了最初的水平。

2. **预防性动机**

预防性动机是企业为了应对紧急情况而必须持有的一定数量的现金。这些突发事件有可能是由于社会、经济形势的改变，也有可能是由于某个大客户的违约而造成的。虽然财务人员尝试使用多种方法，以更精确地估计企业所需的资金，但是，这些意外情况可能会破坏企业的财政规划。所以，要应对紧急情况，企业必须持有更多的资金，以应对突发情况。

在决定预防性动机的现金数量时，有以下三个要素是必须要考虑的：

（1）企业愿意承担资金不足的风险；

（2）企业对现金收支的预测是否可信；

（3）企业在短期内筹资的能力。

那些想把风险降到最低的企业往往会保持巨额的现金结余，以满足他们的交易性动机和大部分预防性动机。财务状况、信用状况良好、与银行关系良好的企业，其现金持有水平普遍较低。

3．投机性动机

投机性动机是指企业为了获得利润而持有一定数量的现金。这些机遇往往转瞬即逝，例如，股票价格骤降，如果企业没有资金进行投机，那么就会失去这个机会。

（二）持有现金的成本

1．机会成本

现金的机会成本是指由于企业持有某笔现金结余而导致的重新投资损失。再投资回报是指企业无法将其用于有价证券的投资，其机会成本与资本成本相等。例如，一个公司拥有 10% 的资本成本，并且平均拥有 50 万元的现金，那么这个公司每年的现金储备成本是 50000 元（50×10%）。放弃的再投资收益，也就是机会成本，是一种变化成本，它与持有的现金数量有关，也就是说，持有的现金越多，机会成本就越高，反之就越低。

2．管理成本

现金的管理成本是指企业在经营过程中所产生的经营费用，包括员工工资、安全措施费用等。管理费用通常是一种固定费用，也就是说，在某一特定的范围内，它与现金持有的比率不存在显著的正比关系。

3．短缺成本

现金短缺是指公司因持有的现金数量不多，且不能及时用有价证券进行变现，从而导致的损失，其中既有直接的，也有间接的。现金短缺成本随着持有现金数量的增加而降低，随着持有现金数量的减少而上升，也就是与现金持有量呈负相关关系。

4．转换成本

现金的转换成本是指在购买证券和出售证券时所支付的交易费用，包括委托买卖佣金、委托手续费、证券过户费、实物交割手续费等。转换成本与区域在一段时期内的转换次数相关，而转换的次数越多，则转换成本越高。

三、存货管理

存货是指企业在生产和运营期间，用于销售和消耗的物料，包括材料、燃料、低值易耗品、在产品、半成品、成品、协作件、商品等。存货管理的好坏直接关系到企业的正常运营以及企业的收益、风险等状况。因此，存货管理在企业的财务管理中占有举足轻重的地位，而企业要按照其生产经营的规模来决定其库存的大小。存货不足，无法满足企业的正常生产和运营需要；如果存货太多，就会导致各种费用的增加。存货管理的根本目的是在保证产品的产量和销量的同时，尽可能地减少库存，减少企业成本，增加利润，使企业的经营状况达到最优化。

（一）存货管理的目标

持有存货的理由，一方面是为确保生产和销售业务的需求；另一方面，从价格角度来看，零购物料的价格通常比较高，而全货采购则会有更好的价格。但存货太大，会消耗更多的资金，也会增加仓库、保险费、维护费、管理人员工资等各种费用。存货管理的目的是使库存成本最低，同时满足生产和销售的需求，这主要有以下五个方面：

1. 保证生产正常进行

在生产中所需的原料和在产品是生产的物质保障。为了确保生产的顺利进行，一定数量的原材料是必要的，不然就会造成生产中断，停工待料。目前，一些企业已实现了电脑的自动化管理，但是要达到"零库存"的目标，仍然是一件非常困难的事情。

2. 增加销售

一定量的存货可以提高企业的灵活性，提高其产品和营销的灵活性，并使其适应市场的变化。随着市场需求的不断增长，如果库存不足，将会丧失销售的机会。同时，为了节省采购成本和其他开支，客户通常会大量购买；企业也会组织成批发运，以实现最优批量。因此，一定数量的存货对市场销售是有益的。

3. 维持均衡生产，降低产品成本

有的产品是季节性的，有的产品需求量波动很大，如果按照市场的需求来安排生产，那么，有的时候产能不能得到最大限度地发挥，有的时候会出现产能过剩，从而导致产品的价格上涨。为减少生产成本，达到平衡，必须储存一定数量的产品以及一定数量的原料。

4. 降低存货取得成本

从总体上看，企业在进行采购时，采购的总成本与采购物资的单价和采购次数有着密切的联系。而为了鼓励顾客更多地购买他们的产品，往往会在顾客采购量达到一定数量时给予折扣，因此，通过大量的集中采购，可以享受到一定的价格折扣、降低采购成本，从而减少订购次数，降低采购成本。

5. 防止意外事件的发生

企业在采购、运输、生产、销售等各个环节都会出现各种突发情况。维持库存，能防止或降低因不可预见的事故而造成的财产损失。

（二）存货的成本

存货成本是指库存所消耗的全部费用，是企业在存货中所产生的全部费用。

1. 取得成本

取得成本是为了获得一定的存货所花费的费用，包括订购费用和购买费用。

（1）订货成本。订货成本是订购所需费用，如办公费、差旅费、邮费、电话费、运输费等。订货成本中的一部分与订购次数没有关系，例如，常设采购机构的基本开支，即订购固定成本；另外一部分则与订购次数相关，例如，差旅费、邮费等。订购次数等于每年库存需求与单位采购数量的商值。

（2）购置成本。购置成本，也叫采购成本，是为购买存货而花费的费用，也就是存货的价格，通常由数量和单位价格的乘积决定。

订货成本加上购置成本，就等于存货的取得成本。它的计算公式是：

取得成本 = 订货成本 + 购置成本 = 订货固定成本 + 订货变动成本 + 购置成本

2. 储存成本

储存成本是为了保存存货所产生的费用，包括利息、仓库费用、保险费用、存货损坏等。

储存成本又可分成固定成本和可变储存成本两类。固定库存成本不受库存的影响，如仓库的折旧、员工的工资等。可变储存成本涉及存货的数额，例如，存货的应计利息、存货的破损和变质、存货的保险费用。

3. 缺货损失

缺货损失是因库存中断所引起的损失，其中包括因物料供给中断而导致的停工损失、成品库存短缺导致的延迟交货损失、失去销售机会损失、商誉损失等。缺货成本是否可以作为决定的相关成本，要看是否存在存货不足。如果企业容许缺货，缺货成本与库存数量呈逆向变化，属于库存决定的相关成本；当企业不能出现缺货情况时，缺货成本是零，因此，缺货成本的计算是没有必要的。

（三）经济订货批量的确定

存货储备决策的目的在于保证存货总是处于最佳状态。最佳存货水平一般是指以一年的库存需求为依据，决定采购批量、订货次数和再订货时间，以确保存货的数量和总的成本最小。

经济订购批量是在某一段时间里，每次订购的订单都能降低与量有关的总成本。在确定经济订单批量时，必须设定一定的假设条件，然后根据这些假设，建立一个经济订单的订单数量模型。经济订购批量模型必须建立以下假定条件：

（1）存货的总体需求为一个已知的恒定值。

（2）订货提前期是常数。

（3）一次装运。

（4）每件商品的价格是不变的，不会有任何的折扣。

（5）存货的存储费用和存货的数量之间存在着线性的联系。

（6）商品为单独需要的商品，与其他商品无关。

（7）不存在缺货，也就是没有缺货的费用。

四、流动负债管理

流动负债的来源有三种：短期借款、短期筹资券和商业信用。流动负债的来源不同，其获取速度、灵活性、成本和风险也就不同。

（一）短期借款

企业借款按照其偿还时间和资金流动性分为短期贷款和长期贷款。短期借款是指企业从银行或其他金融机构借入的一年以内的借款。

目前，根据借款的目的和用途，将短期借款分为生产周转借款、临时借款、结算借款、贴现借款等。根据国际惯例，短期借款可分为一次还款和分期偿还；根据利息支付方式的不同，可以将借款分为收款法借款、贴现法借款和加息法借款；根据是否有担保，可以分为抵押借款和信用借款。

短期借款可以按公司实际情况进行安排，以方便灵活运用，但其最大的弊端就是在短期内必须偿还，而且有一定的限制条件。

1. 短期借款的信用条件

银行等金融机构在向公司发放信贷时，往往会附加一些信贷条款。与短期贷款相关的信贷条件包括六个方面：

（1）信贷额度。信贷额度就是借贷双方在合同中约定的最大借贷限额。信用限额的期限一般是一年，在信用限额之内，公司可以在任何时候根据需要支付贷款。然而，银行不必承担一定的信贷额度风险。如果公司信用状况恶化，甚至在信贷限额之内，公司也有可能无法获得贷款，因此，银行将不会对此负有任何法律责任。

（2）周转信贷协定。周转信贷协定是一种承担法定责任的保证贷款额度不会超出一定上限的借贷协议。在协议期间，只要公司的贷款总额没有超出上限，银行就应满足企业随时的贷款请求。为了享受周转信贷协定，公司往往会向银行支付一笔未动用的贷款额度承诺费用。

（3）补偿性余额。补偿性余额是指银行规定贷款者必须按照贷款额度或实际借款额的一定比率（一般为 10% ～ 20%）来确定最低存款余额。对于银行而言，补偿性余额可以减少信贷风险，弥补其潜在风险；对于借入企业而言，补偿性结余增加了贷款的实际利率，增加了企业的债务负担。

（4）借款抵押。银行在发放贷款时，通常要求有担保物作为担保，以减少风险。短期贷款的担保物包括应收账款、存货、应收票据、债券等。银行按抵押物价值的 30% ～ 90% 发放贷款，其比率视抵押物的现值及银行的风险意识而定。

（5）偿还条件。还款有一次还款和定期（每月、季度）等额还款。通常情况下，公司不愿意使用后者，因为这样会增加贷款的实际年息；而银行则不愿意采取前者的还款模式，这不仅会给企业带来经济上的压力，也会提高企业拒绝支付的风险，而且会使实际的借贷利率下降。

（6）其他承诺。有时候，银行也会让企业做出相应的承诺以获得贷款，例如，提供财务报表，保持适当的财务水平（一定的流动性）。如果企业违约，银行可以要求公司立刻全额偿还贷款。

2. 短期借款的利息支付方式

短期借款费用主要包括利息、手续费等，其费用的大小主要由贷款利率和利息支付的方法决定。短期借款利息的支付方法主要有收款法、贴现法和加息法。不同的利息支付方法和短期贷款费用的计算方法是不同的。

（1）收款法。收款法是指当贷款到期时，企业将利息付给银行。银行通常以此方式向公司借款。在使用收款法的情况下，短期借款的实际利率即为名义利率。

（2）贴现法。贴现法，也叫折价法，是银行在发放贷款时，将本金中的利率减去，到期时，由借款企业偿付全部的本金。在这样的利率支付模式下，企业所能使用的贷款仅为本金扣除利息后的余额，所以，实际利率要比名义利率高。

（3）加息法。加息法是指在银行按月支付部分款项时，所采取的一种计息方式。如果是按比例分期付款，则是按名义利率计算的利息加上贷款的本金，计算出借款本息之和，并要求企业在放款期间分期付款。因为贷款本金的分期付款，借贷企业实际只用了一半的本金却支付了全额利息。因此，公司承担的实际利率要比名义利率高出一倍左右。

（二）短期筹资券

短期筹资券是指企业按法律规定发行的非抵押短期票据。在我国，短期筹资券是企业按照《银行间债券市场非金融企业债务筹资工具管理办法》规定的条件和程序在银行间债券市场上进行的一种可供选择的有价证券，是一种用于筹集短期（1 年以内）资金的直接筹资方式。

1. 短期筹资券的种类

（1）根据发行方的不同，短期筹资券可划分为金融企业的筹资债券和非金融企业的筹资债券。目前我国的短期筹资券主要是由非金融企业筹资债券组成。

（2）根据发行方式的不同，短期筹资券可分为经纪公司承销的筹资券和直销的筹资券。在非金融企业发行筹资券中通常采取间接承销的形式，而金融企业则主要是通过直销的方式进行筹资。

2. 短期筹资券的筹资特点

（1）筹资成本低。与发行公司债券相比，短期筹资的筹资成本更低。

（2）短期筹资券筹资规模较大。与银行贷款筹资相比，短期筹资券的一次性筹资规模更大。

（3）短期筹资券的发行条件较为苛刻。只有具有较高的信用级别和较大实力的企业或公司，可以通过发行短期筹资债券来筹集资金。

（三）商业信用

商业信用是企业通过在商品或服务业务中，通过延迟支付或预付款项的方式进行采购而产生的借贷关系，是企业之间的直接信用行为，也是企业短期资金的重要来源。商业信用是一种自动筹资方式，它是在企业的生产经营活动中产生的。

1. 商业信用的形式

（1）应收账款。应付账款是一种由供应商向企业提供的商业信用模式。因为买方通常是在货物到达后才支付货款，因此，企业的信贷就成为一种短期筹资方式。如果企业要求所有的账单都是在开出日期后的几天内支付，那么，商业信用就会随着产品的运转而改变。随着生产规模的增大，采购和应付账款也随之增加，而商业信用则为增加产量提供了一定的资金支持。

一般情况下，商业信用分为两类：一是有信贷期限的，但是没有现金折扣的。若"N/30"为30日以内的全部付款，则为发票的全部金额；二是有信贷期限和现金折扣的，比如"2/10，N/30"，即在10日之内支付现金可获得2%的折扣。供应商在信贷条款中设定了现金折扣，其主要目标是加快资本回收。在决定要不要用现金打折的时候，企业应该慎重考虑。一般来说，取消现金优惠的代价会很大。

1）放弃现金折扣的信用成本。如果在买方企业购入商品后，在卖方指定的折扣期间付款，将会得到免费的信用。在这种情况下，公司不需要付出延迟付款信用的代价。例如，一个应付账款的支付条款是"2/10，N/30"，即买家在10日之内支付，可以享受2%的现金折扣；如在10～30日内支付，不会有现金打折；买方可在30天内支付货款。

2）放弃现金折扣的信用决策。公司之所以放弃应付账款的现金折扣，有可能是因为公司目前资金短缺，也有可能是为了获取较高的投资回报而将应付账款作为临时的短期投资。如果公司在短期内使用应付账款，其回报比放弃现金折扣时的信贷成本比率要高，那么，就应该取消现金折扣。

（2）应付票据。应付票据是企业在采购、销售、结算工程价格过程中，由于使用了银行承兑汇票的结算方式而形成的商业信誉。商业汇票是一种由受票人或存款人（或受票人）开出、受票人承兑、在到期时付给收款人的一种票据。根据有无利息，应付票据可以分为有利息的应付票据和无利息的应付票据。

（3）预收货款是指销售方根据合同和协议，在发货前，提前向买方支付部分或所有的款项。采购单位常常乐意使用这样的方法来购买畅销的货物；对于生产周期长、成本高的产品，销售方通常采取预付款销售，以缓解公司资金占用的压力。

2. 商业信用筹资的优缺点

（1）商业信用筹资的优点。

1）易于获取商业信用。企业的商业信用是以商品交易和销售为媒介的，公司总是有一群顾客，他们之间存在着供求关系和互相信任的关系，因此，对于大多数公司来说，应收和预付是一种自然的、持续的信贷方式。通常情况下，贷款提供方不会对公司的业务情况和风险进行严格的审查，且不需要像银行贷款一样通过烦琐的程序才可以获得商业信用，这对于公司的生产和运营是十分必要的。

2）企业有较大的机动权。公司可以根据自己的需求，自主决定筹资的规模和时间，也可以采用比贷款等更灵活的筹资方式。如果在一定的时间内无法支付或交货，也可以与客户协商，申请延期。

3）通常情况下，企业一般不用提供担保。一般情况下，商业信用筹资不需要第三方提供担保，筹资公司也不会以资产作为抵押。通过这种方式，当发生拖欠或交付问题时，可以避免银行贷款所带来的抵押资产被处理的危险，从而使企业的生产和运营能力在很长一段时期内不受约束。

（2）商业信用筹资的缺点。

1）筹资费用较高。采用带现金折扣的应付账款筹资模式，其筹资成本高于银行信用。

2）企业的信誉可能会下降。由于商业信用的期限较短，企业面临着较大的还贷压力，因此需要对其进行现金流管理。长期、频繁地拖欠账款，将导致公司信用状况恶化。

3）更多地受到外界因素的影响。商业信用筹资容易受到外界因素的影响，而且其稳定性很低，在没有考虑到机会成本的情况下，无法无限地使用。一是由于商品市场的影响，如果需求超过供给，卖家就不会再提供信用；二是资本市场对企业信贷筹资的制约，在资本供给不足或缺乏合适的投资导向的情况下，企业信用筹资将会遭遇重创。

第四节　利润分配管理

一、利润分配概述

利润分配是企业按照国家有关法律、法规以及企业章程的规定，在兼顾股东与债权人等其他利益相关者的利益基础上，将实现的利润在企业与企业所有者之间、企业内部进行分配的活动。企业的利润分配是企业财务管理中的一个重要环节，它是维持企业与各方利益相关者之间的关系，提升企业价值的关键所在。在企业中，收入分配既是资产保值、保证简单再生产的一种方式，也是实现资产增值、扩大再生产的一种手段，同时也是实现国家政治和经济功能的有效途径。同时，也是处理所有者、经营者等各方物质利益关系的基础。

（一）利润分配的内容

企业通过经营活动取得收入后，要按照补偿成本、缴纳所得税、提取公积金、向投资者分配利润等顺序进行分配。所以，利润分配的内容就是企业利润的构成及去向。

1. 营业利润

营业利润是指企业在一定期间从事生产经营活动取得的利润，是企业利润中最基本、最重要的组成部分，其计算公式为

营业利润 = 营业收入 − 营业成本 − 税金及附加 − 销售费用 − 管理费用 − 财务
费用 − 资产减值损失 − 信用减值损失 + 公允价值变动收益 ± 投资
收益 + 资产处置收益 + 其他收益

2. 利润总额

利润总额是指企业在一定时期内通过生产经营活动所实现的最终财务成果，其计算公式为

利润总额 = 营业利润 + 营业外收入 − 营业外支出

3. 净利润

净利润是一个企业经营的最终成果，是指企业当期利润总额减去所得税费用后的金额，即企业的税后利润，其计算公式为

净利润 = 利润总额 − 所得税费用

（二）利润分配的原则

利润分配是指企业与投资者根据国家财务体制所确定的分配方式和分配顺序，将企业的净利润分配给企业和投资者。利益分配的过程和结果直接影响着企业所有者的合法利益，影响着企业能否长期、稳定地发展。因此，企业要强化利润分配的管理和核算方式。在进行利润分配时，必须遵守以下五个基本原则：

1. 依法分配原则

公司的利润分配要按法律规定进行。我国制定了关于公司利润分配的法律法规，明确了公司利润分配的基本要求、一般程序和主要比例，企业要认真执行分配原则，不得违反。

2. 资本保全原则

资本保全原则是衡量企业经营业绩时必须遵守的一种财务理念。按照该原则，只有当股东对企业的资金没有侵害时，才能对其进行确认，并据以进行利益

的分配。资本保全原则要求公司在进行利益分配时，必须以资本的完整性为前提，不得因利益分配问题而导致企业资本缩水。

3. 分配与积累并重原则

在分配利润时，应该遵循"分配"和"积累"相结合的原则。对于一个企业而言，可以分配给投资者的利益取决于企业的运营状况，企业应当将其可以分配给股东的利润中的一部分用于企业的生产。

4. 兼顾各方利益原则

在进行利润分配时，必须考虑到各方的利益。企业作为经济和社会的基础，其收益分配与所有人的利益息息相关。作为资本的投入者和企业所有者，投资者在法律上享有分配净利润的权利。企业的股东在投资企业的过程中存在着一定的风险，因此，在企业的利润分配中，要充分考虑到债权人的利益，而不是损害股东的利益。此外，企业的利润是由雇员直接创造出来的，因此，企业的利润分配应该从员工的长期利益出发。因此，在进行利润分配时，必须统筹考虑，以保护各方的合法权益。

5. 投资与利润对等原则

在公司利益分配中，要坚持投资与收益的平衡，也就是要坚持谁投资谁收益，收益与投资比例相适应的原则。投资收益均衡是解决企业和投资者利益关系的重要依据。投资者在其投资活动中享有收益权，其投资收益应当与其投资的比例对等。在对投资者进行利益分配时，应当遵循公平、一致的原则，根据投资人的出资比例进行利益分配，不得有一方任意多分多占。只有如此，才能在收益分配中做到公开、公平、公正，保护投资者的权益，激发广大投资者的积极性。

（三）利润分配的程序

企业可供分配的利润表达式为

企业可供分配的利润 = 本年净利润 + 年初未分配利润

只有当可供分配的利润大于零时，才能进行分配。企业利润分配应按照下列程序进行：

1. 弥补以前年度亏损

企业在提取公积金前，应当以当年的盈利来填补上一年度的损失。企业每年的损失，可以用当年的税前利润来补偿，如果超过五年，可以用税后利润来补偿。从2018年1月1日开始，当年具有高新技术的企业或科技型中小企业（以下统称"资格"），在具备资格年度之前五年内未弥补的亏损可以在未来一年内结转，最长可以从 5 年增加到 10 年。在这两种情况下，可以通过税后利润来弥补亏损，也可以通过盈余公积来弥补。

2. 提取法定盈余公积金

《中华人民共和国公司法》规定，公积金按年度税后利润（弥补亏损）的 10% 作为提取公积金。在本年度，累积的法定公积金超过了其注册资本的 50% 时，可以停止提取。在提取法定公积金后，按公司的实际情况，可以对其进行补足或增发，但在使用公积金后，其法定公积金余额不得少于公司注册资本的 25%。法定公积金提取的目的是扩大企业的再生产，增加企业的内部资本积累。

3. 提取任意盈余公积金

《中华人民共和国公司法》规定，企业在扣除税后利润的基础上，可以通过股东会或股东大会的决议，从其税后利润中提取任意的公积金。这是为了适应公司的运营管理、对股东利益的合理配置以及调整每年的利润分配变动情况。

4. 向投资者分配利润

《中华人民共和国公司法》规定，企业在弥补亏损、提取公积金的同时，可以将剩余的税后利润分给股东（投资人）。有限责任公司股东按实际出资比例分取红利，股东约定不按照出资比例分取红利的情况除外；股份有限公司按照股东持有的股份比例分配，除本企业章程规定不按持股比例分取红利的情况除外。

二、股利的种类和发放程序

根据我国《上市公司的信息披露管理办法》，我国的上市公司必须在每个会计年度结束的 4 个月内公布年度财务报告，且在年度报告中要公布利润分配预案，所以上市公司的分红派息工作一般都集中在次年的二、三季度进行。

（一）股利的种类

目前企业向股东支付股利的方式不同，股东支付股利的方式可以分为不同的类型。主要有现金股利、股票股利、财产股利、负债股利等。财产股利和负债股利的运用比较少。

1. 现金股利

现金股利是上市公司向股东发放的一种现金股利，是最常见的一种股利分配方式。上市公司派发现金红利的动机有三个：投资者偏好、降低代理成本以及传递企业的运行情况。

2．股票股利

股票股利是指企业通过增发股份而获得的红利。股票股利不能直接提高股东的财富，不能增加公司的资本外流，不能增加公司的资本，也不能增加公司的资产，但却会使股票股利的所有者权益构成发生改变。企业派发股息虽不能直接为股东带来财富，也不能为企业带来更多的利益，但对企业和股东来说却具有特别的意义。

从理论上来说，分红后的股价会随着企业的股价有所降低。在股市中，投资者认为派发股息是企业未来发展的一个好兆头，这种信息的传递将会使投资者的心态得到稳定，从而使股价得到稳定发展。

对企业来说，派发股息无须向股东支付现金，如果有更多的机会进行再投资，则可以降低成本，从而促进企业的进一步发展和壮大。

3．财产股利

财产股利是指企业持有的其他公司的有价证券（如公司债券、公司股票等）作为股利发放给股东。

4．负债股利

负债股利是一种以债务形式发放的红利，一般用公司的应收票据来支付，有时还会以发放公司债券的形式发放红利。

财产红利与债务红利实质上是一种替代现金股利的形式，而这两种形式目前在我国企业实践中较为少见，但法律尚未禁止。

（二）股利发放程序

1．股利宣告日

上市公司分派股利时，首先要由公司董事会制订分红预案，包括本次分红的数量与方式，股东大会召开的时间、地点及表决方式等。这些内容由公司董事会向社会公开发布，董事会将股利支付情况予以公告的日期即为股利宣告日。

2．股权登记日

股权登记日是指公司公布派息计划时所设定的特定日子。任何在上述规定日期结束前获得公司股份的投资人均可作为公司的股东，享有公司派发的红利；在该日期后获得股份的股东没有权利领取已经公布的红利。

3．除息除权日

除息除权日是指除息日，即在除息日，股票的所有权和领取股息的权利分开，股息权不再归属于股票，因此，在该日期购买该公司股份的投资者将无法获得该公司已经公布的红利。此外，除息日股票价格因丧失附息权而下降，其跌幅相当于派发的红利。

4．股利发放日

在股利发放日，公司将按照公告的派息计划，将现金红利分配给在册的股东。

三、股利理论与股利分配政策

公司的股利分配方案是由公司的股利政策决定的，也是决策者对股利的认识和理解。股利理论科学地理解和归纳了我国上市公司的股利政策和公司价值之间的关系。

（一）股利理论

企业在进行利润分配时，经常会遇到一些问题：公司派发红利会不会对公司的价值产生影响？股东的立场是什么？公司应该给多少红利？学术界对此做了很多深入探讨，从不同的视角提出了不同的看法，并由此产生了不同的红利理论。股利理论是对公司价值和股价之间关系进行的研究，并对公司的股利政策进行了初步的探讨。基于上述关系，本节将股利理论分成两大派系，分别是股利无关理论和股利相关理论。

1．股利无关理论

股利独立理论认为，在一个良好的资本市场环境下，企业的投资决定与资本结构是否稳定，与公司的价值与其所投资的收益及风险程度无关。即投资者对公司的分红并不感兴趣，公司的市值取决于企业的盈利能力和投资风险，而非公司的收益分配。

在一个充分有效的资本市场中，股利政策的变更仅仅是指股东在现金红利和资本利得之间的分配。如果投资者能够理智地处理这些变化，那么公司的市值和股东的财富将不会受到任何影响。这一理论的假设财务管理学条件主要包含以下几个方面：第一，市场具有强势效率、无交易费用，而且没有任何股东的力量能够对股价产生影响；第二，没有公司和个人所得税；第三，没有筹资成本；第四，公司的投资和红利是相互独立的，也就是说，公司的投资决定不会受股利的影响；第五，公司的股东对股息收益与资本增值没有明显的偏好。

2．股利相关理论

在现实生活中，完美资本市场的条件通常无法满足。如果放开这些假设条件，公司价值和股票价格都会受到股利政策的影响，这就形成了各种股利相关理论。股利相关理论认为，在现实的市场环境下，公司的利润分配会影响公司价值和股票价格，因此，公司价值与股利政策相关。其代表性观点主要有："一鸟在手"理论、信号传递理论、税收差别理论和代理理论。

（1）"一鸟在手"理论。股东的投资收益来自当期股利和资本利得两个方面，利润分配的核心问题是在当期股利收益与未来预期资本利得之间进行权衡。"一鸟在手"理论认为，由于公司未来的经营活动存在诸多不确定性因素，用留存收益再投资给投资者带来的资本利得收益具有较大的不确定性，并且投资的风险随着时间的推移会进一步加大，而当前的现金股利是有把握的报酬，风险较小，好比"在手之鸟"；未来的股利和出售股票的资本利得是不确定的报酬，风险较大，好比"林中之鸟"。"双鸟在林不如一鸟在手"，较高的股利支付率可以消除投资者心中对公司未来盈利风险的担忧，投资者所要求的必要报酬率也会降低，因而公司价值和股票价格都会上升；相反，较低的股利支付率则会使公司价值和股票价格下降。因此，厌恶风险的投资者会偏好确定的股利收益，而不愿将收益留存在公司内部去承担未来的投资风险。

以上观点说明，股利政策会对公司价值和股票价格产生影响，而"一鸟在手"理论强调的目的是实现股东价值最大化目标，企业应实行高股利分配率的股利政策。

（2）信号传递理论。股利无关理论假设资本市场信息完全对称，但在现实中，投资者与公司管理层之间往往存在信息不对称的情况。信号传递理论认为，在非对称信息条件下，企业可以利用股利政策将公司未来盈利能力的信息传达给市场，进而对公司的股票价格产生一定的影响。通常，期望未来盈利的企业倾向于将其与那些期望盈利能力不佳的公司区分开来，从而获得更多的投资者。对市场投资者来说，股利分配是判断一个公司盈利能力的有价值的信号，可以反映公司的盈利水平。若公司持续维持较高的派息，则投资者会对公司未来的获利及现金流产生积极的期望，进而买入股价，推动股价上升。另外，如果公司的股利支付水平在过去一个较长的时期内相对稳定，而现在突然降低，就等于向市场传递了利空信息，投资者会做出悲观判断，从而抛售股票，导致股票价格下跌。

根据信号传递理论，稳定的股利政策向外界传递了公司经营状况稳定的信息，有利于公司股票价格的稳定。因此，公司在制定股利政策时，应当考虑市场的反应，避免传递易被投资者误解的信息。

（3）税收差别理论。股利无关理论中的一个重要假设是现金股利和资本利得没有所得税的差异。实际上，二者的所得税税率通常是不同的。一般而言，股利收入的所得税税率高于资本利得的所得税税率。由于不对称税率的存在，因此股利政策会影响公司价值和股票价格。

税收差别理论认为，股利收入的所得税税率通常高于资本利得的所得税税率，这种差异会对股东财富产生不同影响。出于避税的考虑，投资者更偏爱低股利支付率政策，实行较低的股利支付率政策可以为股东带来税收利益，有利于增加股东财富，促进股票价格上涨，而高股利支付率政策将导致股票价格下跌。除了税率差异外，股利收入和资本利得的纳税时间也不同：股利收入在收到股利时纳税，而资本利得只有在出售股票获取收益时才纳税。这样，资本利得的所得税是延迟到将来才缴纳，股东可以获得资金时间价值的好处。所以，对于那些希望定期获得现金股利和享受较低税率的投资者而言，高现金股利仍然是较好的选择。

上述情况也不是一直成立的，如当存在较高的股票交易成本时，甚至当资本利得税与交易成本之和大于股利收益税时，投资者就会偏向于企业采用高股利支付率的政策。该理论并未明确提出应采用高现金股利还是低现金股利政策，只是强调在资本利得和股利收益之间进行权衡。

（4）代理理论。股利分配作为公司一种重要的财务活动，会受到各种委托—代理关系的影响。代理理论认为，公司分派现金股利可以有效地降低代理成本，提高公司价值，因此，在股利政策的选择上，主要应考虑股利政策如何降低代理成本。

首先，股利政策可以有效地缓解管理者和股东之间的代理冲突。这种理论表明，分红可以有效地减少代理人的费用。一方面，分红会降低经营者对公司自由现金流的控制权，在某种程度上可以有效地遏制公司管理者的投资和在职支出，以保障公司外部投资者的权益；另一方面，更多地派发现金会降低企业的内部资金，使企业在资本市场上寻找更多的资金，从而降低公司在资本市场上的代理成本。所以，高股息率可以减少公司的代理费用，但是也会增加公司的外部筹资成本，所以，一个理想的股利政策应该是把两者的总和最小化。

其次，股东与债权人之间的代理问题。由于股东拥有公司控制权，而债权人一般不能干涉公司经营活动，股东可能会利用其控制权损害债权人利益，如提高现金股利、减少公司现金持有量，从而增加债权人风险。债权人为了降低风险，也会在借款合同中规定限制条款或者要求公司对债务提供担保。这种代理问题会影响到公司的股利政策，股东和债权人之间会在债务合同中达成一个双方都能接受的股利支付水平。

最后，控股股东与中小股东之间的代理问题。一般情况下，控股股东会利用其持股比例的优势控制公司董事会和管理层，而中小股东在公司的权利常被忽视。代理理论认为，通过提高现金股利可以减少控股股东可支配的资本，降低其对公司利益的损害，从而保护中小股东的利益。

由此可见，代理理论主要主张高股利支付率政策，认为提高股利支付水平可以降低代理成本，有利于提高价值。但是，这种高股利支付率政策也会带来外部筹资成本增加和股东税负增加的问题。所以，在实践中，需要在降低代理成本与增加筹资成本和税负之间权衡，以制定出最符合股东利益的股利政策。

（二）股利政策类型

当前，我国上市公司的股利政策主要有如下几种：

1. 剩余股利政策

（1）剩余股利政策的含义。剩余股利政策是指企业在具有较好的投资时机时，按照既定的资本结构（最优资本结构）计算出所需要的股权资本，首先保留盈余，再将剩余资金用于分红。本节认为，盈余分配政策是基于股利无关理论的。依据股利无关理论，在理想的资本市场下，公司的股利政策不会影响公司的股价，因此，公司的股利政策只会随着公司的投资、筹资方案的制订发生相应的变化。剩余股利政策的基本流程如下：

1）为公司在该架构下的综合资金成本设定目标资本结构。

2）在最优的资金结构下，决定投资项目所需的股权资本水平。

3）将公司的剩余利润最大化，以满足投资计划所需要的股权资本。

4）在满足投资计划所要求的股本后，如果存在盈余，则向股东支付红利。

（2）剩余股利政策的优点。保留收益可用于再投资的股权筹资需求，有利于减少再投资的资金成本，维持最优的资本结构，使公司的长期价值最大化。

（3）剩余股利政策的缺点。

1）如果公司的盈余分配政策严格执行，则红利分配将根据公司的投资机会和利润水平而发生变化。

2）当利润水平保持不变时，红利发放量与投资机会数量的变化趋势相反；当投资机会保持不变时，公司的红利分配将随着公司的利润而上下浮动。

剩余股利政策的分配对投资者的收益和支出都有不利影响，对公司的形象也会产生不利影响，通常剩余股利政策一般适用于公司初创阶段。

2. 固定或稳定增长的股利政策

（1）固定或稳定增长的股利政策的含义。固定或稳定增长的股利政策是指公司将每年发放的股利固定下来，并使其在较长时间内保持不变，只有当公司确信未来收益能够维持在更高水平时才宣布增加股利的政策。其基本特点是：无论经济情况与企业经营如何，都不降低股利的发放额，每年的股利支付额均稳定在某一特定水平。只有当确信未来利润将显著且不可逆转地提高时，才会增加每年度的股利发放额。

一般情况下，固定或稳定增长的股利政策只适合那些有稳定收益或者成长中的公司。

（2）固定或稳定增长股利政策的优点。

1）以稳定的股利将公司正常发展的信息传达给市场，有助于公司在市场上建立良好的形象，提高投资者对公司的信任，并使股价保持稳定。

2）股利的稳定性对股东分配红利具有重要意义。

3）固定或稳步增长的股利政策也许与剩余股利理论不符，但是，为保持股利在一个稳定的水平，延迟一些投资计划或临时改变目标资本结构比减少股利或股利增长率更有优势。

（3）固定或稳定增长股利政策的缺点。

1）股息分配不能满足盈余。即使利润很少，也必须发放一定的红利，这就会造成资本不足和财务状况恶化。

2）无法维持与剩余股利政策一样的低资金成本。

3. 固定股利支付率政策

（1）固定股利支付率政策的含义。固定股利支付率是指公司将年度纯利的一定比例分配给股东，这个比例一般叫作股利支付率。固定股利支付率一旦确定，通常不能轻易改变。

在此股利政策下，当公司的税后利润计算确定以后，将决定是否发放股利。因为公司的投资机会和筹资渠道都不一样，所以，分红的金额也会根据公司的业绩而变化，利润多的时候，分红的比例就高，利润少的时候，分红的比例就低。

鉴于此种股利分配方案的派息水平不稳定，因此，一成不变地执行固定股利支付率政策的企业很少，因此，它只适合于稳健发展的企业，而且公司的财务状况也相对比较稳定。

（2）固定股利支付率政策的优点。

1）采取固定股利支付率政策，可以使股利与公司盈余密切结合，充分体现出多盈多分、少盈少分、不盈不分的原则；

2）因为公司的盈利能力在一年中频繁地发生变化，所以，公司的股利也会随公司的利润变化而变化。公司采取一种固定股利支付率发放方式，即以一定比例的税后利润作为分红，从公司的支付能力来考虑，这是一种较为稳定的股利支付政策。

（3）固定股利支付率政策的缺点。

1）大部分企业的年利润难以维持稳定，因此，公司的股利水平也会出现很大的波动。由于股利具有信号传导的功能，因此，股票价格波动较大，容易使投资者产生公司经营状况不稳定、投资风险较大等负面情绪。

2）公司可能会承受更大的财政压力。这是由于公司的利润虽然很高，但并不意味着公司有充足的资金来支付更高的股利额。

3）确定恰当的固定股利支付率有一定的困难。

4. 低正常股利加额外股利政策

（1）低正常股利加额外股利政策的含义。低正常股利加额外股利是公司通常每年发放一定数量的股利，而当利润增加时，按实际情况发放更多的股利。但是，额外股利并非一成不变的，并不代表公司将永远增加指定的股利比率。

低正常股利加额外股利政策是介于固定股利政策和固定股利支付率政策两者之间的一种新的股利政策。通常情况，公司每年都会发放固定数额较低的股利，如果公司运营良好，则会在一定的时间内向股东发放额外股利。这种股利政策主要是针对利润和现金流变动较大的公司。

（2）低正常股利加额外股利政策的优点。

1）给予公司更大的灵活性，给公司分配股利的空间，资金弹性更大，公司可以根据年度实际情况，选择不同的股利发放水平，从而稳定和提升公司的股票价格，从而实现公司的年度目标和价值。

2）让那些依赖股利发放生活的股东们，每年都能获得更多的股利，尽管他们的股利很少，但是却很稳定，这就是他们对这些股东的吸引力。

（3）低正常股利加额外股利政策的缺点。

1）因公司利润的变动，导致公司的额外红利有时发生变动，导致分配的红利也会有所差异，因此，很可能会给投资者带来公司收益不稳定的感觉。

2）若公司长期连续派发更多股利，则会被股东误解为"正常股利"，一旦将其撤销，则会向股东传达一种讯息，即该公司的财务状况已恶化，从而令股票价格大幅下降。

相对地，对于那些获利波动较大的企业，或是获利与现金流极不稳定的企业，低正常股利加额外股利分配政策或许是一个好办法。

（三）影响股利政策的因素

股利分配关系到公司的各个层面，其影响因素很多，具体表现为：

1. 法律因素

公司的利润分配往往受到以下法律法规的约束：

（1）资本保全约束：资本保全约束是指公司不得以资本（包括资本、资本储备）为基础分配股利。股利并不能降低公司的法定资本，其目的在于维护公司的资产完整，保护股东和其他利益相关者的权益。

（2）企业积累约束：企业在分配利润时，应先从 10% 的公司税后利润中提取法定盈余公积金，以限制公司股利发放的随意性。只有在累积的盈余公积金超过了其注册资本的 50% 时，才能停止提取。另外，企业也可以从公司中提取任意公积金。只有在公司的可分配利润中，当每年的累积净利润达到正数时，才会产生可分配的利润。

（3）偿债能力约束。在保障债权人权益的基础上，企业若已无力偿还债务或股利支付，将使公司丧失偿债能力，因而无法发放股利。

2. 公司因素

公司的经营情况与经营能力影响其股利政策。

（1）现金流量。公司的现金流关系到公司的经营活动，是提高公司盈利能力的重要依据。通常情况下，企业的收益并不总是与现金流保持一致的，有时候公司的利润增长了，但是公司并不是必然拥有可供分配的现金流。企业在进行利润分配时，应先保证公司的正常生产和运营所需要的现金流，然后按利润的先后次序进行分配。

（2）筹资能力。筹资能力对公司的股利分配有很大的影响。公司在进行现金分红时，必须依据其自身的筹资能力来决定其股利分发水平。企业有较好的筹资能力和较好的资金来源，可以选择较为宽松的股利政策，并适当地提高股利分发水平；在筹资能力不强的情况下，应该采用较为严格的股利分发政策，减少现金股利，提高留存收益。

（3）盈利状况。公司是自主经营、自负盈亏、独立核算的经济实体，如果公司不盈利，则会导致经营困难甚至倒闭破产。公司利润的分配很大程度上取决于其盈利状况，公司的盈利能力越强，则股利的支付能力也就越好；公司的盈利能力越弱，则公司的股利支付能力也越差。

（4）投资机会。企业的投资机会关系到企业的未来收益，而一个好的投资机会将为企业的发展提供一个契机。当然，企业若有大量的投资机会，所需的资金数额也较大，对公司的财务压力也很大，则可以采用较低的股利支付水平进行股利分发；相反，公司在投资机会较少、对资本需求较低的情况下，可以采用高股利分发的方式来稳定投资者，并吸引更多的投资者。公司将保留收益投入再投资中，其回报比单独将股利投入其他投资机会中获得的回报要低。因此，公司的留存收益不能太大，应当通过增加股东的股利分发水平来增加公司的利润。

（5）资本成本。资本成本是公司筹集和使用资本的代价。与发行新股或举借债务相比，保留盈余不需要花费筹资费用，是一种比较经济的筹资渠道。因此，从资本成本角度考虑，如果公司有扩大资金的需要，应当采取低股利政策。

（6）生命周期。企业的生命周期分为创业期、成长期、成熟期和衰退期。创业期的企业往往尚未盈利或盈利很少，同时需要大量的资金用于产品生产、开拓市场，因此一般不发放现金股利。成长期的企业通过一段时间的经营发展后盈利逐步增加，但仍处于扩张阶段，资本性支出往往较大，一般不会有较大的资金结余，因此一般不发放现金股利或采用低股利支付率政策。成熟期的企业盈利能力比较强，盈利水平相对稳定，一般会增加现金股利的分配。衰退期的企业通常销售收入减少，经营业绩下降，经营活动产生的现金流量下降，企业所获取的利润降低甚至开始亏损，可能会采用特殊的股利政策。

3. 股东因素

公司的股利分配方案是由董事会代表股东的利益提出的，并最终通过股东大会来确定。因此，股东根据自己的经济利益需求出发提出分配方案，经常会对公司的股利分配有很大的影响。

（1）对稳定收入的追求。很多股东为了从公司获得稳定的收入而进行投资，所以需要公司能为自己提供一个稳定的股利分配方案，以使公司的留存收益最小化。公司提高留存收益导致股票价格上升，从而获得资金收益的风险更大，所以，现在向股东分配的风险要小于将来取得资金收益分配的风险，即便目前的利润很低，但也要比将来的不确定的高回报要好。

（2）股权控制权的要求。公司发放更高的股利通常会降低公司的留存收益，这就意味着在未来公司需要更多的资本时，新股发行的机会会更大。而新股发行必然会对企业产生控制权，这是持股人不愿意见到的情况。所以，大部分的控股股东都会选择更低的股利支付水平。

（3）避免征收所得税。股利政策应将股东的所得税纳入其中。目前，我国的股利所得税税率普遍较高。我国目前对现金股利所得的税率为20%，而对于上海和深圳两大交易所上市公司的股利所得，则按照50%征收个税，即10%的税率。因此，采取较低的股利分配制度，能够为股东增加资金收益，从而实现避税目标。

4．其他因素

除以上因素外，其他因素也会对公司的股利政策产生影响：

（1）债务合同约束。通常情况下，当公司的股利发放程度较高时，公司的留存收益会降低，从而使公司面临破产的危险，从而损害到债权人的利益。因此，为了维护自己的权益，债权人常常在债务合同或租赁合同中增加限制性条款，以维护其合法权益。

（2）股利政策的惯性。通常情况下，对股利政策的大幅调整会给投资者带来不确定的影响，使投资者转变投资公司，从而使股票价格下降。另外，股利收益也是股东的一部分生产性资本和消费性资本，因此，大多数投资者对股利波动较大的股票不感兴趣。所以，必须在一定程度上保证股利政策的连续性与稳定性。

（3）通货膨胀的影响。通货膨胀是指货币在流动中的总量超出了社会经济的需求量，从而导致价格的全面和持续上升。通货膨胀降低了企业的资本购买力，为了保持目前的经营规模，必须增加企业的投资，所以企业必须把更多的税后利润用在企业的内部积累上。在通货膨胀期间，企业的股利政策通常是比较紧张的。

四、股票分割与股票回购

（一）股票分割

1．股票分割的概念

股票分割，也叫拆股，是指把一支股分成若干股的行为。通常情况下，股票分割只会增加已发行股份的总数量，而不会对公司的资金构成造成影响。股票分割和股利类似，都是通过增加股票份额而不增加股东资本实现的；区别在于，虽然公司的股票股利并没有使公司的总股本发生变动，但是公司的内部结构却会有所变动，而股份的整体价值和公司的内部结构却不会有什么变化，只是在股价上有了一些变化。

2. 股票分割的作用

（1）降低股票价格。股票分割会降低股票的市价，降低股票买卖所需要的资金，这样就能推动股票的流通和金融管理。随着公司的流动性不断增强，股东人数也会增多，公司股份的恶意收购将会在某种程度上增加。另外，降低股价也能为公司发行新股做好铺垫，因为股价过高会让很多有潜力的投资者无力投资公司的股票。

（2）传递发展良好信号。股票分割通常是成长企业的一种表现，因此，公布股票分割后，很容易让人产生一种公司正在发展中的错觉，同时也能向市场及投资人传达公司发展的好讯息，帮助投资人提升其对公司的信心，使其在短期内提升股价。

在经济学上，股票分割和股票股利并无不同。但通常情况下，当公司的股价大幅上涨，并且很难再下跌的时候，就会采取股票分割的方式来控制股价；而当公司的股价较低的时候，通常会通过股票股利来保持其合理的价格。当然，有些公司觉得他们的股票太便宜，就会采用"反拆"的方法，把几支价值较低的股票合并成一支面值更大的股票。

（二）股票回购

1. 股票回购的含义及方式

股份回购是一种资本运营的方法，它通过支付现金的形式将其所发行的普通股以一定的价格买回，或者作为股票出售。根据《中华人民共和国公司法》，有以下情况的公司，可以购买公司的股票：

（1）公司注册资本的缩减。

（2）与持有本公司股份的公司进行合并。

（3）在职工持股计划或股票激励中使用股票。

（4）股东对公司合并、分立的决议有意见，提出公司要回购其股权。

（5）将所持股份转换为可转股的公司债券。

（6）上市公司为了维持公司的价值和股东的利益所做出的选择。

属于"公司注册资本的缩减"，应当在收购后10天内予以注销；属于"与持有本公司股份的公司进行合并""股东对公司合并、分立的决议有意见，提出公司要回购其股权"应当在半年之内将公司的股权转让或注销；上述三项情况中，公司所持股份总数不能超过公司已发行股票总数的 10%，且在 3 年内转让或注销。

上市公司在购买公司股票时，应采取公开、集中交易的方式进行。如果公司采用邀约或集中竞价方式以现金方式购买股票，则视为公司现金股利，并计入现金股利的有关比例计算中。

2. 股票回购的动机

在股票市场中，股票回购的动机是多种多样的，其原因有四个：

（1）现金股利的替代。现金股利将给公司产生未来的派息压力，而股份回购则不会。如果公司拥有大量的资金，那么，他们可以通过购买他们的股份来向股东们分发现金，以便他们可以按照他们的需求继续持有或者卖掉来获取现金。

（2）对公司的资本结构进行变更。通过现金回购和债务回购，可以增加公司的筹资杠杆，并使公司的资本结构发生变化。公司认为，当权益资本占有很大比重的时候，可以通过股票回购来调节资本结构，可以在某种程度上减少总的资金成本。

（3）传递公司信息。由于不对称的信息和期望的不同，上市公司的股票价格有可能被低估，而股价太低则会给公司带来不利的后果。通常情况下，投资者会把回购看作一种因公司觉得自己的股价被低估而做出的反应。

（4）基于控制权的考虑。为了确保公司的控制权不发生变化，控股股东通常会通过直接或间接的方式来购买股份，以此来巩固已有的控制权。此外，股票回购减少了上市公司的流通股数量，提高了公司的股价，因此，可以有效防范恶意并购。

3. 股票回购的影响

股票回购对上市公司的作用有五个方面：

（1）通过多渠道回购，使公司能够在合适的时间内选择回购公司的股份，从而降低公司治理风险、改善公司的资产质量和投资价值。

（2）通过实行股份回购和股权激励，可以使股东与职工形成利益共同体，从而增强投资者的收益；在公司进行可转债的情况下，利用公司的股份进行股票回购，可以拓宽公司的资金来源，提高公司的资本结构。

（3）在市场非理性状态下，公司股价严重跌破股票内在价值的时候，及时回购股票，减少股票供应量，以稳定股价，增强投资者的信心。

（4）如果以巨额现金进行回购，不仅会导致资金短缺，而且会降低公司的流动性，从而对公司未来的发展产生不利影响；另外，如果企业没有适当的投资项目，而手中有大量的现金，则可以更好地利用货币资金。

（5）上市公司在行使信息披露义务、公开集中交易等方面进行股票回购，可以防止操纵市场、内幕交易等利益输送行为的产生。

第三章　财务预算

第一节　预算管理概述

一、预算的特征与作用

（一）预算的特征

预算是企业在预测、决策过程中，通过用数量和金额以表格的方式对企业在未来一段时间内经营、投资、筹资等活动所做的具体计划和安排，从而对企业的生产与经营活动提供参考。预算是实施和控制经济活动的最具体的规划和安排，是实现企业财务目标的具体体现，是企业制定战略目标的数据支撑。

预算有两大特点：一是预算与企业的战略目标是相辅相成的，预算是为了达到企业发展目标而制订的一项具体的战略计划；二是预算是数量化的且具有可执行性。预算是对今后企业活动进行的细致和周密安排，是今后企业运营活动的基础。预算的最大特点是数量化和可执行性。

（二）预算的作用

预算的作用包括以下三个方面：

1. 使企业经营达到预期目标

运用预算指标对企业的经营活动进行控制，及时发现问题，采取相应的措施，及时纠正不良偏差，防止企业经营活动漫无目的、随心所欲，从而达到预期目的。预算具有规划、控制和引导企业经营活动有序进行的作用，同时也具有最经济、最有效地达成企业预期经营目标的作用。

2. 实现企业内部各个部门之间的协调

从系统论的角度出发，局部规划的最佳化未必就是全局最佳化。各职能部门要朝着同一个战略目标前进，就必须在经济活动中密切合作、协调、统筹、综合安排，使各部门的预算得到平衡，使各部门主管清楚地认识到自己在全局中的位置和作用，并尽可能地协调各部门之间的工作。由于各个部门的职能不同，各级政府之间经常会发生矛盾。只有各个部门协作发展，才能使企业的总体目标最大化。例如，企业的销售部门、生产部门、财务部门会制订出最适合自己部门的方案，但是，这个方案在其他部门并不一定有效。销售部门制订了一个基于市场预测的巨大的销售方案，但是生产部门的生产能力却不是很强；生产部门可以制订一个计划，使其最大限度地发挥其已有的生产能力，但是销售部门却没有能力把它们卖掉；销售部和生产部都同意增加生产能力，而财政部门则觉得不可能筹集到所需资金。通过对预算进行全面的均衡，可以为各级、各部门之间的矛盾提供最好的解决方案，也可以为各部门之间的沟通搭建一个桥梁。

3．业绩考核的重要依据

预算是一种衡量企业财务活动的准则，它可以保证所有的业务活动都能按照一定的程序进行。通过分解实施的预算计划指标能够与各部门、各责任人的绩效考评相结合，是对绩效进行奖惩、评价的重要依据。

二、预算的分类

（一）根据内容划分

企业预算按其内容可划分为经营预算、专门决策预算和财务预算。

1．经营预算

经营预算是指与公司的日常运营活动有关的各类业务的预算。其内容包括销售预算、生产、直接材料、直接人工、生产成本、产品成本、销售成本、管理费用等预算。

2．专门决策预算

专门决策预算是指在企业很少发生的一次性重大决策的预算。专门决策预算是一种更好的方案规划策略，例如，在决策前，专门决策预算可以根据收集到的信息进行资本支出预算，但预算要比决策估算更加详细和精确。例如，企业在购买固定资产时，都要做好可行性分析，包括投资需要多少、何时投资、资金从何处筹得、投资期限多长、何时可以投产、未来每年的现金流量是多少。

3．财务预算

财务预算是一项反映计划期间财务状况、现金收支和业绩的预算，其中以现金预算和预计财务报告为主。作为预算系统的最后一步，财务预算是从价值角度全面反映企业的经营预算和专项决策的结果，也就是所谓的总预算，而其他的预算又叫辅助预算。很明显，财务预算是一个较为重要的预算环节。

（二）根据预算指标覆盖时间长短划分

企业预算按其所涵盖的期限不同，可以划分为短期预算和长期预算两种类型。

1．短期预算

一年之内（含一年）的预算称为短期预算。

2．长期预算

一年以上的预算叫作长期预算。根据预算的内容和实际需求，编制预算的时间可以是一个星期、一个月份、一个季度、一年或几年。在编制预算时，经常要把长期和短期的预算相结合，并考虑到各种预算的特殊性。通常，企业的经营和财务预算都是一年期的短期预算，然后在年内进行季度或月细分，并且经常与会计年度相结合。

三、预算工作的组织

《中华人民共和国公司法》规定，公司的年度财务预算、决算方案必须由公司董事会拟定，并经股东大会审议通过。预算工作由决策层、管理层、执行层和考核层组成。

（1）公司的财务预算管理工作由公司董事会或者其他有关部门负责。公司董事会、经理办公会可以视具体情况成立预算管理委员会，或指定财务主管机关，对公司法人代表负有责任。

（2）预算管理委员会或财政主管机关负责制定预算目标、政策、具体的预算管理措施和方法，同时解决预算方案审议、平衡、下达预算、协调解决预算和实施中的各种问题，并对预算执行情况进行考核，并监督企业实现预算目标。

（3）公司财务主管部门，对企业的预算进行跟踪、监督，并对其实施情况进行分析，对其产生的原因进行调查，并对管理模式提出建议。

（4）企业内部的生产、投资、物资、人力资源、市场营销等部门具体负责本部门业务涉及的预算编制、执行、分析、协调、控制和考核工作。单位领导要参加单位预算管理委员会工作，对单位预算的实施负有责任。

（5）企业下属单位是企业预算的基础单位，它在企业财务主管的领导下，对单位的现金流量、经营成果和成本、费用预算进行控制和分析，并接受企业的检查和考核。由其主管部门负责本部门的财务预算执行情况。

第二节 预算的编制方法与程序

一、预算的编制方法

由于企业的预算结构较为复杂，因此必须采取相应的措施。常用的预算法有增量预算法与零基预算法、固定预算法与弹性预算法、定期预算法和滚动预算法等。在企业经营活动相关的预算编制中，普遍采用了上述方法。

（一）增量预算法与零基预算法

根据预算编制的特点不同，可以将其划分为两种类型：增量预算法与零基预算法。

1. 增量预算法

增量预算法是以历史时期的实际经济活动和预算为依据，根据历史时期的经济活动和有关因素的变化，对历史时期的经济活动和有关因素进行调整，从而形成预算。增量预算法基于以往的成本发生水平，主张在预算内容方面不做大的调整，其编制依据以下假设：

（1）公司目前经营活动是合理的，无须进行任何调整。

（2）本公司目前各种经营活动的支出水平是合理的，在预算期间维持稳定。

（3）根据目前的经营活动和各种活动的支出情况，为预算期内的各种活动制定预算。

增量预算法的不足之处在于，它会使无效成本支出难以得到有效的控制，从而使不必要的支出合理化，从而产生预算的浪费。

2. 零基预算法

零基预算法是一种以零为起点，不以历史时期的经济活动和预算为依据，对预算期内的经济活动进行合理的分析，并在此基础上进行全面预算。零基预算法可以应用于企业的各种预算，尤其是在非频繁的预算项目或在编制基数上有很大变动的情况下。零基预算法有以下几种情况：

（1）制定预算的标准：企业要对对标单位、行业等外部资料进行收集、分析，并结合自身经营需求制定出各预算项目的编制准则，并在预算管理中根据实际情况不断地进行分析、评估，修订和完善。

（2）制订经营方案。预算单位要根据企业战略、年度经营目标、外部和内部环境的变动来安排预算期间的经济活动。

（3）编制预算草案。各单位按照有关的工作计划，按照预算编制的要求，编制各部门的有关预算，并将其提交主管部门审查。

（4）对预算计划进行审核。预算管理职责单位在审查有关业务计划的合理性的前提下，对项目的目标、作用、标准、金额等进行评估，并根据战略相关性、资源限额、效益等因素进行全面的分析和权衡，并将其汇总形成企业预算草案，提交公司预算管理委员会等专门机构审议，报董事会等机构审批。

零基预算法具有以下特点：一是从零开始，不会受到历史时期经济活动的不合理因素的影响；二是提高了预算的透明度，有利于实现对预算的控制。

零基预算法存在以下问题：首先，预算编制工作量大，成本高；其次，企业的经营管理水平和有关数据的精确度对预算的精确度有很大的影响。

（二）固定预算法与弹性预算法

根据业务基数的数量特点不同，编制预算的方式可以划分为固定预算法和弹性预算法。

1. 固定预算法

固定预算法，也就是所谓的静态预算法，指的是在预算期内，一个正常的、最有希望实现的业务量（即企业的产量、销售量、作业等与预算项目有关的弹性变数）为固定基础，而不会考虑到任何可能发生变化的预算编制方法。

固定预算法有两个缺陷：

（1）适应性差。由于预算所依据的业务量是预先假设好的。采用此方法，无论预算期间业务水平的变化如何，仅以预先确定的某个业务水平为依据。

（2）可比性差。在实际业务与预算编制时，由于业务基数的不同，相关的预算指标与预算的数量将会丧失可比性。例如，一家公司的业务量为销售 100000 件产品，那么按照这个业务量向销售部支付 5000 元的预算费。若销售部的实际销售量超过了预算，则预算成本在固定预算下仍然是 5000 元。

2. 弹性预算法

弹性预算法也叫动态预算法，它是通过对业务和预算项目的数量依赖关系的分析，来决定不同的业务和对应的预算项目的资源消耗。从理论上讲，弹性预算法在编制预算时可以应用到各种与业务相关的预算中，但是在实际操作中，一般都是用在成本预算和利润预算中，特别是在成本预算上。

（1）弹性预算法的优点。

1）能够根据不同的经济状况进行调整。弹性预算并不是一成不变的，而是会根据业务规模进行相应的调整，并有一定的灵活性，从而扩展了规划的应用领域。

2）以更具客观性和可比性的方式对预算实施进行评估。

与固定预算法在一定的业务规模下进行比较，其最大的优势在于能够充分考虑到预算期间的各种业务水平，并且能够更好地反映出企业的实际运营状况。

（2）弹性预算法的缺点。

1）编制任务繁重。

2）市场预测和预测的准确性、预算项目与业务规模的相关性等因素对预算的合理性有很大的影响。

（3）弹性预算法在企业中应用的方法。

1）选择或确定经济活动的计量标准，如产量单位、直接人工工时、机器工时等。

2）确定企业运营活动的水平，通常是 70% ～ 110% 的正常产能，其每一间隔在 5% ～ 10%。

3）按成本与产出的关系，分别确定变动成本、固定成本、半变动成本以及多种特定项目的规划成本。

4）按一定的表格格式进行汇总，实现灵活预算。

3. 定期预算法与滚动预算法

根据预算周期的特点，预算编制方法可以划分为两种类型：定期预算法和滚动预算法。

（1）定期预算法。定期预算法是用固定的会计期间（例如历年）作为预算期的一种预算编制方法。该方法的优势在于，可以将预算期与会计年度相对应，方便了实际数量和预算数量的比较，也有利于分析和评估预算的实施。但是，这种办法是以一年为一个预算期，实施一段时间后，经理们常常只考虑剩下的几个月的业务，而没有长期计划。

（2）滚动预算法。滚动预算法也就是所谓的连续预算法，它是一种将预算期和会计期分开，并在预算实施过程中不断地对预算进行补充，从而将预算期一直维持在一个固定的时间（通常是 12 个月）。滚动预算法的基本实践是，将预算期维持在 12 个月以内，每过一个月或一个季度马上增加 1 个月或 1 个季度的预算，并逐日向后滚动，因此，在任一期间内，都将预算期限维持在 12 个月以内。这样的预算可以让公司所有的高层管理者都能够在 12 个月内对公司未来的发展进行全面的思考和计划，以确保公司的运营和管理工作能够平稳、有序地进行。

根据滚动预算法的计算方法，可以将滚动预算法划分为逐月滚动、逐季滚动和混合滚动。

1）逐月滚动。逐月滚动是按月为单位，按月进行预算调整的一种方式。如果在 2019 年 1 ～ 12 月的预算实施期间，将需要在 1 月底对 2 月至 12 月的预算进行修正，并对 2020 年 1 月的预算进行补充：在 2 月之前，可以对 3 月至 2020 年 1 月的预算进行修改，并对 2020 年 2 月的预算进行补充。按每月滚动的方法进行预算比较准确，但是工作量很大。

2）按季度进行滚动。逐季滚动是在编制预算时，以季度为单位，按季度进行滚动，按季度进行预算调整。按季度滚动编制的预算要比逐月滚动预算少，但精度不高。

3）混合滚动。混合滚动是在编制预算的过程中，将每个月和每个季度都用作预算编制和滚动的单元。这一预算的基本特征是：对短期预测的把握较大，对长期预测的把握较少。

采用滚动预算法，按时间先后顺序滚动，既能保证预算的连续性，能将短期和长远的目标相结合，又能考虑到今后的经营活动，并随着时间的推移，不断地调整和修改预算，使预算更符合现实，更好地发挥预算的引导和控制功能。

二、预算编制的步骤

企业在编制预算时，通常要遵循上下结合、分级编制、逐级汇总的原则，其编制步骤是：

（一）下达目标

公司董事会或经理办公会基于公司的发展战略部署和对预算期经济状况的初步预测，制定公司下一年度的财务预算目标，其中包括销售或营业、成本、费用、利润、现金流等指标，确定预算政策，并由预算管理委员会下达至各预算执行单位。

（二）编制上报

根据公司预算管理委员会制定的预算目标和方针，同时结合公司的实际情况和实施状况，编制一份具体的预算计划，并将其提交给公司的财务主管部门。

（三）审查平衡

企业财务主管部门负责审核、汇总各个预算单位提交的预算计划，并提出全面的收支平衡方案。在审查、平衡过程中，预算管理委员会要进行全面的协调，对出现的问题提出初步的调整建议，并将其反馈至相关部门进行修订。

（四）审议批准

根据相关预算单位的修正和调整，企业财务主管部门将其预算报告编制出来，提交公司预算管理委员会审议。对与公司发展战略和预算指标不符的项目，由公司预算管理委员会负责组织相关部门进行进一步修订和调整。经过讨论和调整，公司的财务主管部门将企业的年度预算草案正式提出，并将其送交董事会和经理办公会进行审核。

（五）下达执行

每年的财务预算在次年的三月底之前结束，由公司的财务主管机关向董事会或经理办公会提交年度预算，将其分解为一系列的指标体系，并通过预算管理委员会层层递送到各个预算单位。

第三节　预算编制

一、预算编制的基础要求

集团预算的基本原则是：坚持以集团及各部门发展战略为核心，以客观预测和目标任务为导向，科学统筹、合理安排、上下联动、全员参与相协调，为集团安全稳健运行提供量化方案和操作指引。

预算编制要以集团战略规划为核心，突出重点。企业可以通过预算来实施策略，企业的年度预算是企业战略实施的出发点，而企业的预算则是企业的发展方向、发展速度和各个阶段的战略计划。

预算要反映出预算的理念，即各部门、各子公司的各项业务活动都要纳入预算的范畴，各部门的工作人员都要参加预算的制定和执行。

预算工作要按照企业的经济运行规律，坚持实事求是，如实提供基础数据，科学地预测本年度的发展趋势和发展前景，合理地制定预算任务，不能因主观臆断编制不负责任的预算，切实避免编制过度预算或宽松预算。预算编制的程序和方法要科学，预算的编制也要合理。

预算编制要按照国家、省、市、集团有关的法规和规章执行，不得编制违法、违规的预算。

在编制预算时，要注意防范经营和财务风险，严格控制担保、抵押行为和债务规模。加强对外投资、收购兼并、购置固定资产、股票、委托理财等投资项目的风险评价与预算管理。

二、预算编制的方法

（一）经营预算编制方法

（1）销售预算是企业经营预算的出发点，在科学化的经营体制下，以销定产是必然趋势，根据市场需要制订营销方案。销售预算是按照公司的发展战略和目标，运用科学的方法来预测市场状况，把营销目标分成月度、季度和年度。在确定销售单位时，必须根据宏观经济形势和产业发展趋势来判断。销售预算的依据是对市场的科学预测和产品或服务的销售单价。

（2）生产预算是指在销售预算的基础上，进行物料的采购和合理的存货储备的预测，合理的生产预算可以降低财务费用，增加企业的资金流动性。在生产预算中，重点是掌握原材料和存货的期初和期末数量，并对在产品进行预测，从而合理地估算出相应的能耗和人力费用。

（3）产品成本预算是指产品在制造期间直接或间接产生的费用，主要包括直接原材料费用、能源费用、直接用于产品制造的人工费用、为产品制造而产生的其他费用。每个商品的单位成本和它的总成本是由直接物料成本和直接人力预算决定的。

（4）营业成本预算是指以项目为基础的直接成本，主要包括直接人工成本、直接物料消耗、资本成本等直接成本。这些费用的计算，可以根据本年度的实际物价水平和与该项目相似的年份的实际物价水平有关的资料来确定预算编制策略。按成本的性质对各项费用进行预算编制。

（5）采购预算是为了达到预算所需的对外采购预算，包括各种材料、低值易耗品和辅助材料。采购预算是以生产预算中的存货需要和生产线的需要为基础，对各类产品的采购进行预算。

（6）研发预算是指研发期内产生的预算费用，研发费用包括研发人员及其支出、研发材料费、研发用折旧费等。

（7）期间费用预算是指企业在生产和运营过程中所发生的财务支出、销售费用、管理费用，按其特性可分成固定费用和随着业务增加而增加的相关费用。这种费用是按照去年的水平或与现实状况相结合的方式来估算的。根据成本的实际情况来决定支出的标准，每一笔费用都要有实际的业务支撑，例如，差旅费可以按照部门需求，将整个年度的实际业务情况，分解成每月的出差计划，并按照公司的规定，计算出每一次的花费。

（8）其他业务收支以及营业外收支项目，应视经营活动的实际状况和对企业有关报表的影响程度来区分。例如，目前正在进行的一场诉讼，很有可能会导致一笔损失，而这一损失将会对公司的财务状况产生很大的影响，因此，必须在预算内编制一笔营业外支出。对于金额较少但对报表影响不大的项目，则进行了简化。

（9）税金的预算编制，税金的编制按照有关的销售预算和采购预算，并按照国家有关的税收法规和标准制定税收预算。同时，还会将税金的缴纳记录在财务报告和现金流量表中。

（二）资本预算的编制方法

资本预算是指企业在经营活动中进行投资等方面的预算，主要包括大维修、基建预算、股权投资预算、购置固定资产、无形资产和其他长期资产投资预算、固定资产技术改造和大修预算等。

（1）建设项目投资预算是指在预算期内，按建设程序进行新建、改建、扩建项目的资金投入，由各单位按集团批复的投资总额和年度投资计划进行。

（2）股权资本投资预算是指单位在预算期内新设立的公司，或对已投入的公司进行再投资；用于投资回报的预算。本预算依据公司的发展状况，编制投资方案，并在预先协商的基础上做出预算。

（3）固定资产、无形资产和其他长期资产的购置预算，是指企业在预算期内购置固定资产、无形资产以及重大维修等长期待摊支出。基建单位购买此类资产，应当纳入基建投资的预估范围。

（4）固定资产的维修和改建预算，是在对固定资产的实际状况进行评价的基础上，结合当前的技术水平对固定资产进行整修的费用预算。

（三）资金预算的编制方法

资金预算是指根据销售预算、采购预算和生产预算而进行的总预算。主要是根据日常经营活动的现金流量而进行的日常财务预算，用于生产和运营的筹资预算。

（1）日常财务收支预算是指企业在日常生产、经营活动中产生的现金流入与流出预算，以及与应收账款相关的合同相结合的预算。

（2）投资预算是指与资本预算相关的经费支出和财务收支预算，各部门要根据各种投资预算和预期的收款与资本预算同时进行。

（3）筹资预算的编制，主要依据是企业与金融机构、证券公司在生产和运营过程中所发生的借款，其中以贷款方式借款为主；通过股票抵押贷款和公司为运营而发行的债务等筹资方案进行筹资。这一部分的预算，主要是基于公司所制订的财务规划，并根据与各金融机构的谈判进程，结合市场利率等因素编制预算。

（4）各部门在预算期内应当全面平衡资金的收支情况，查明资金不足和基金盈余，以便决定融资预算或偿还计划。

（四）财务预算的编制方法

财务预算是将销售预算、生产预算和期间费用预算归类和汇总，以反映公司未来的运营情况。主要包括三张财务主表。

（1）预计现金流量表是根据营运期间的资金流入和资金流出的商业性质来反映资本的冗余情况而编制的。以经营活动为主的经营性资金的流入与流出；投资活动中的投资资金的流入与流出；筹资为核心的筹资资金的流入与流出。根据预期现金流量表所反映的资金状况制订资金运用计划。

（2）预计资产负债表是资产负债表的模板对预算期的经营业务财务状况的综合反映，主要依据销售预算、生产预算、采购预算、资本预算和资金预算引起的资产和负债项目的变化填写预计资产负债表。

（3）预计利润表是以利润表为模板，对预算期内经营活动情况的反映主要依据销售预算的收入情况、产品成本的生产预算、期间费用的三大费用发生情况以及其他业务收支等情况进行综合分析编制。

三、预算中经营计划的制定与编制方法

企业要达到经营目标，必须要有与之对应的经营计划，而经营计划是企业实现经营目标的关键所在，同时也是销售预算、生产预算等预算的重要依据。本节将介绍一些企业经营计划编制方法。

（一）综合平衡法

综合平衡法是经营计划编制的基础。平衡是指在企业各个部门、各个环节、各个要素、各个指标之间的平衡。全面平衡是指运用这种平衡关系来决定经营计

划编制的目标和活动的安排。综合平衡法充分考虑到各个因素、指标之间的均衡关系，从而使规划更具科学性和可行性。

（二）比例法

比例法是比较稳定、比较成熟的业务。它是一种以历史数据为基础，并与企业发展战略目标相结合的经营计划编制方法。该方法更适用于确定结构规划指标系统中的指标确定。在运用此方法时，要注意两个方面：一是历史上所形成的比例关系要有稳定性，而不是忽高忽低；二是要综合分析和预测规划时期的影响因子，合理地调整历史时期的比例关系。

（三）定性分析法

定性分析法是指公司相关人员或聘请专业人士，运用他们的智慧和能力，对各种影响企业经营和建设的因素进行系统化的分析，并据此制订经营计划。

（四）头脑风暴法

头脑风暴法是以开会的方式，使参加者能够充分地表达自己的观点。大会有四个原则：不批评对方，不乱吹，鼓励提出许多计划，互相启发。

另外，经营计划编制还可以采用调查研究法、因果分析法、纵横比较法、特尔斐法、希望列举法等多种方法。各部门要灵活地使用各种办法，力求做到科学、可行。

四、预算编制建议

预算目标的确定也要考虑到公司的发展战略，以及对公司目前和将来发展趋势的预测。因此，以下是一些关于预算编制的建议。

（1）预算要从基层单位向上级单位汇总，再根据整体情况，对上级单位进行调整。从上级单位把业务调整到基层单位，能更好地掌握基层业务的基本情况，掌握市场动态，防止高层领导脱离现实；从上一层到下一层是为了考虑整个公司的发展战略，使其能更合理地布局。

（2）在科学数据的基础上，确保科学、合理的预算指标。从基层单位向上级单位提交的数据需进行调整，必须要有足够的调整依据，而不是盲目地去做，因为那样会造成管理上的冲突，导致管理层和基层管理者之间的冲突。

（3）通过实施科学的激励政策，确保全年工作目标顺利完成。当一家公司的年度目标超出了目前的水平时，那么它就会配合着相应的激励政策，让公司的高层和雇员们可以接受更高的预算。有时，预算任务分解中的冲突，常常是由于各部门间的沟通不够顺畅，导致预算执行人员无法完全理解任务分配的目的，从而导致内部矛盾，影响绩效。

第四节　预算的执行与考核

一、预算的执行

企业预算一旦下达，各单位要认真组织，把预算指标层层分解，从横向到纵向，贯穿到各部门、各单位、各岗位和各小组，形成全面的预算执行责任体系。

在预算期内，企业要把预算作为组织、协调经营活动的基础，把年度预算分为月份预算和季度预算两个阶段，通过阶段性的预算控制，保证全年的预算目标。

加强对现金流的预算管理，及时安排预算资金的流入，严格控制预算外资金的使用，调整收支，控制支付的风险。

预算拨款，按批准的程序进行；对预算外项目的支出，要按照财务预算管理制度对其进行规范；无合同、无凭证、无手续的工程费用，一律不予付款。

在预算编制、执行、考核等方面存在的风险，要对其进行有效的控制。在有需要的时候，可以设立一个专门负责日常预算管理的机构，强化员工的风险意识，把个人作为预算风险评估的目标，并制定相应的奖励和惩罚措施，利用信息化技术和信息化管理系统来控制预算过程中的风险。

公司要严格执行销售、生产、成本和成本的预算，以实现利润目标。在日常的控制方面，要建立健全凭证档案，完善各种管理制度，严格执行每月的生产计划和费用的定额、定率标准，并加强对其的实时监测。对预算执行过程中的不正常现象，相关单位要及时发现问题，并提出相应的对策。

企业要制定预算报表，并对其进行定期汇报。对预算执行过程中发现的新情况、新问题以及存在较大偏差的问题，由财务主管部门和财务委员会负责督促相关预算单位查明原因，并提出相应的对策和建议。

企业财务管理部门要运用财务报表监测预算执行的状况，及时向预算执行单位、企业预算委员会、董事会或经理会议报告财务预算执行进度、执行差异及其对企业预算的影响，从而推动企业实现预算目标。

二、预算的调整

企业正式下达的预算，通常不会进行调整。由于市场环境、经营状况、政策法规等因素的影响，预算编制依据不合理，或造成预算执行结果出现较大偏差时，可以对预算执行单位进行相应的调整。

企业要建立内部弹性预算机制，对业务、资本、筹资预算等不会影响预算的变动实行内部授权审批，并鼓励各预算单位及时实施有效的财务管理政策，确保预算目标的实现。

企业在调整预算时，要将预算的具体情况、客观因素的变化以及对预算的影响程度等情况逐级提交给企业预算管理委员会。

企业财务主管部门要审查和分析预算单位的预算调整报表，将其汇总整理，并将其上报预算管理委员会、企业董事会或经理办公会，通过审查，再发布实施。

在进行预算编制时，企业在做出决定时通常应遵守下列规定：

（1）在调整预算时，不能脱离公司的发展战略。

（2）在经济上，应该使预算调整方案达到最优化。

（3）预算调整的重点应该是在预算实施过程中产生的重大、非正常和不符合常规的关键差异。

三、预算的分析与考核

企业要建立预算分析体系，定期召开预算执行分析会，及时了解预算执行情况，研究解决预算执行中的问题，纠正预算执行中的偏差。

对预算执行进行分析，对财务、业务、市场、技术、政策、法律等方面的信息进行分析，并运用比率分析、比较分析、因素分析、平衡分析等方法，全面地反映出预算单位的现状、发展趋势和发展潜力。

在预算执行过程中，企业财务和预算单位应当充分、客观地分析其产生的原因，提出相应的对策和建议，并将其送交董事会或经理办公会审议。

企业预算管理委员会要定期开展预算审计，及时发现问题，加强内部审计监督，确保预算管理的严肃性。

预算审计可以是综合审计，也可以是取样审计。在特殊条件下，公司还可以不定期地进行专项审计。内部审计机关在完成审计后，应将其编制成审计报告，并将其提交预算管理委员会，甚至是董事会、经理办公会，作为调整预算、改进内部经营和财务评价的重要依据。

预算年度结束时，由财务部门向董事会、经理办公会汇报财务收支状况，并根据财务收支状况和审计结果，对各部门的财务状况进行评估。

企业内部预算单位提交的预算执行报告应当经本部门和单位负责人根据内部程序审查批准，并将其作为公司财务评价的基础。企业的预算按照调整后的预算来进行，并以公司的年度财务报表为依据。

企业的预算执行考核是企业绩效评估的重要组成部分，必须与年度内部经济责任制相结合，并将其与各部门的绩效考评相结合，一起纳入公司的人力资源管理中。

第四章　财务分析

第一节　财务分析概述

一、财务分析的含义及作用

（一）财务分析的含义

财务分析是根据公司财务报表和有关数据，运用专业的分析技术和方法，对公司的财务状况、经营成果和现金流进行分析和评价，据此对公司的财务状况、经营成果、现金流和财务潜力进行分析，并对其未来的财务趋势和发展前景做出预测，对公司的盈利和风险进行评估，为具体的信息用户提供有价值的财务信息。因此，财务分析是一种重要的财务管理手段，它是一种对某一特定时期的财务活动进行的全面概括，可以为企业改善经营状况、优化经济决策提供重要依据。

（二）财务分析的作用

在实践中，财务分析具有下列主要功能：

（1）财务分析能够对企业进行综合的财务能力评估，包括偿债能力、盈利能力、营运能力和发展能力，对其进行分析，并从中吸取经验教训，提高公司的经营管理水平。

（2）财务分析能为用户提供更加全面、系统的会计资料，便于企业对自身的财务状况、经营成果、现金流状况进行全面的了解，从而为企业的经营决策提供重要的参考。

（3）通过财务分析，可以对各部门、各单位的业务活动进行监督，对各部门、各单位的经营绩效进行评估，建立和健全绩效评估制度，协调各种财务关系，保证公司财务指标的实现。

二、财务分析的主要资料

财务报告是以货币为计量单位，通过对企业的财务状况、经营成果、现金流量、所有者权益等数据进行加工整理而形成的一套系统，包括资产负债表、利润表、现金流量表、所有者权益变动表等。

（一）资产负债表

资产负债表能反映一个公司在某个时期的总负债和它的结构，它反映了一个公司将来要偿还的资产、服务的数量和偿还的时间；能够反映出投资者的价值变化；能为金融分析提供基础数据。财务报表使用者能够从资产负债表中得知公司所拥有的经济资源和分布情况，对公司的资金来源和构成比率进行分析，并对公司的资金变现能力、偿债能力、财务弹性进行预测。

我国的财务报表主要是以账户为基础的。报告主体分成左边和右边：左边是资产的各个条目，它反映了所有的资产的分布和存在形式；右边是负债和股东权益，它反映了所有的债务和股东权益的内容和组成。资产按照其流动性大小排序；债务的每一项都是按照它们期限的远近来安排的。每一项又分为两个栏：年初余额和期末余额。资产负债表的左右两边都是均衡的，也就是总资产与负债和所有者权益（或股东权益）的总和。

（二）利润表

利润表能反映某一时期内的收入、支出、经营活动的结果（利润或损失），是进行经济决策的基础数据。通过对利润表的分析，可以了解公司在某一段时间的运营业绩，并对其进行分析和预测。

收益表正表的形式通常可分为单步法和多步法两种。单步利润表是把当期的全部收益汇总起来，再把各项成本汇总起来，两者相加，就可以得到当期的收益和损失。多步利润表是根据利润的构成过程，逐级扣除相关收益和成本费用，得到净利润。

（三）现金流量表

通过对现金流量表、资产负债表和损益表的分析，可以看出公司现金流动的影响，并对其支付和偿还能力进行评估；通过对公司现金流量的合理预测，为制定现金流量计划、合理使用现金创造了条件；通过现金流量的观点，可以对公司的经营状况进行全面的分析和评价。

现金流量表中的现金是企业在任何时候都可以使用的存货和存款。它既包括"库存现金"账户中的存货现金，又包括"银行存款"账户中的存款，随时可以用于支付的存款，以及其他货币资金，如外汇存款、汇票存款、本票存款、在途货币资金。

现金等价物是指持有期限短、流动性强、易于转换成现金、价值变动风险低的投资。现金等价物虽非现金，但其支付能力与现金并无太大差异，因此可被视作现金。一种资产要被认定为现金，必须满足以下四个条件：期限短、流动性强、易于转换成现金、价值变动风险低。在这些条款中，短期期限通常是在购买日期后 3 个月以内。比如，一种可在股票市场上使用的三个月的短期国债，即为一种现金等价物。

现金流量可划分为三种类型，分别是经营活动产生的现金流量、投资活动产生的现金流量以及筹资活动产生的现金流量。

1. 经营活动产生的现金流量

经营活动的现金流入项目包括销售商品、提供劳务收到的现金、收到的税费、收到的其他与经营活动相关的现金。经营活动中的现金流出项目包括购买商品、接受劳务支付、支付给员工和员工支付的现金、支付的各种税费、支付的其他业务活动的现金。

2. 投资活动产生的现金流量

投资活动的现金流入项目包括：投资、投资所得、固定资产、无形资产、处置固定资产、处置子公司和其他业务所收到的现金、收到的其他与投资活动相关的现金。投资活动的现金流出项目包括固定资产、无形资产和长期资产的购买、投资支付的现金、支付的投资等。

3. 筹资活动产生的现金流量

筹资行为是导致公司资产和负债规模与结构变动的一种行为。这里的资本是指资本（股票）；这里的负债包括向银行借款、发行债券和还债。筹资活动的现金流入项目包括接受投资、借款和收到的其他筹资活动。筹资活动的现金流出项目包括为偿还债务而支付的现金、分配股利、利润或偿付利息、支付其他筹资活动的现金。

三、财务分析的方法

在进行财务分析时，必须采用适当的方法，选取与分析目标相关的资料，从中发现其中的关键关系，并对其进行深入研究，揭示其财务变化趋势，从而获得高品质、高效率的财务资料。在财务分析中，采用比较分析法、比率分析法、因子分析法等方法，可以达到事半功倍的目的。

（一）比较分析法

比较分析法是通过比较两种或多种相关的可比较资料，以反映企业在不同时间内的财务状况。根据对比的对象和内容，可以分为多种类型。

1. 按比较对象分类

（1）与本企业历史相比，即与同一企业不同时期的指标比较。

（2）与同类企业相比，即与行业平均数或竞争对手比较。

（3）与本企业预算相比，即将实际执行结果与计划指标进行比较。

2. 按比较内容分类

（1）对所有的会计要素进行比较。总额是指在财务报告中所列各项的总额，如资产总额、净利润等。总体对比主要是为了对未来的发展趋势进行趋势分析。在横向对比分析中，经常采用总量比较法来分析企业的相对规模和竞争状况。

（2）对结构的百分数进行比较。这种方法将资产负债表、利润表和现金流量表转化为一个百分比报告，以找出存在重大问题的项目。

（3）对金融比例进行比较。金融比率以相对数字的形式出现，剔除了规模效应，使不同企业之间的比较成为可能。

（二）比率分析法

比率分析法是一种利用不同的比例指数来衡量金融活动的变化程度。比率指数包括构成比率、效率比率和相关比率。

1. 构成比率

构成比率也就是结构比率，它是一个特定的金融指标中各个组成部分的价值所占的比例，它反映了一个整体和部分的关系。例如，公司资产中流动资产、固定资产和无形资产（资产组成比例）、长期债务（债务比例）。运用组成比例，可以检验整体中各个部门的组成与排列是否合理，从而使各个财政活动得到协调。

2. 效率比率

效益比率是指在一种金融活动中，支出占收入的比例，它体现了投入和产出的关系，如成本利润率、销售利润率和资产回报率。运用效率比率指数，可以对企业的效益进行比较，对企业的运营效果进行检查，对企业的经济效益进行评估。

3. 相关比率

相关比率是通过比较某一特定的经济项目和与之相关但又不同的项目的比率，它反映了各种经济活动之间的联系，如流动比率、速动比率等。通过对相关指标的分析，可以检验各公司之间的关联业务安排的合理性，从而保证公司的正常运营。

（三）因素分析法

因素分析法是根据分析指标与其影响因子之间的关系，根据一定的程序和方法，由定量的角度来决定各个因素对评价指标的作用方向和作用的大小。因素分析法主要有两种：一是连续替代法，二是差额分析法。

1. 连续替代法

连续替代法是把分析指数分解成各种可测量的因子，然后按其相互依赖关系，将参考值（典型的是标准或规划）替换成各种因子的相对数值（一般是实际数值），由此确定各因子对分析指数的影响。

连续替代法的分析过程是：

（1）查明分析的目标和所要分析的财政指标，将它们的实际金额与标准金额（如去年的实际金额）相比较，并计算出二者之间的差异。

（2）确定财务指标的驱动力，也就是在此基础上，建立一个财务指标和各个驱动因子的函数关系模型。

（3）决定另一种驱动因子的次序。

（4）按照不同的驱动因子偏离准则的不同，依次计算出不同的财务指标。

2. 差额分析法

差额分析法是一种简单的连续替代法，它是通过各因子的比较值与参考值的差异，来求出各因子对分析指数的影响。

在采用差额分析法的过程中，应注意以下问题：

（1）构成财务指标的各个因素与财务指标之间在客观上存在因果关系。

（2）确定正确的替换顺序。在实际工作中，一般是先替换数量指标，后替换质量指标；先替换实物指标，后替换价值指标：先替换主要指标，后替换次要指标。

（3）因素替换要按顺序依次进行，不能从中间隔地替换，已替换的指标要用实际指标，尚未替换的指标要用计划指标或基期指标。

四、财务分析的局限性

财务分析仅仅是发现问题，不提供解决问题的方案，具体该如何解决问题，取决于财务人员解读财务分析的结果，即取决于财务人员的经验或主观判断。此外，人们运用财务比较分析法时必须注意比较环境或限定条件，因为只有在限定意义上的比较才有意义。

第二节　财务能力分析

公司的财务能力包括偿债能力、盈利能力、营运能力。要想了解公司的财务状况，就必须从三个层面来进行分析。

一、偿债能力分析

偿债能力是指公司能够偿付其所欠的债务。偿债能力是衡量公司财务状况的一个重要指标。对债务进行分析，有助于债权人做出合理的贷款决定，为企业经营者做出正确的经营决策、为投资者做出正确的投资决策提供依据。负债的期限通常可划分为短期负债和长期负债，其偿债能力的分析包括短期偿债和长期偿债。

（一）短期偿债能力分析

短期偿债能力是指对公司一年之内偿债能力的分析。一般情况下，企业的流动负债都是以流动资产为基础的，因此，它能够很好地反映公司的流动资产的价值。公司短期偿债能力的财务指标包括营运资金、流动比率、速动比率、现金比率。

1. 营运资金

营运资金是指流动资产超过流动负债的部分。其计算公式为

$$营运资金 = 流动资产 - 流动负债$$

流动资产和流动负债的计算，一般都是从资产负债表中得到的。将资产负债表项目划分为流动和非流动两类，并根据流动性的强弱进行分类，便于对流动资本的核算和流动性的分析。营运资本越多，负债越有保证。如果流动资产超过流动负债，营运资本为正值，则表明公司的财务状况较为稳定，有能力偿还债务。

而在流动资产少于流动负债的情况下，公司的营运资本就是负的，这时，公司的一些非流动资产就会以流动负债为主要的资本来源，从而使公司无法偿还债务。为了规避流动债务偿还的风险，企业必须维持良好的运营资本。

营运资本为绝对值，不利于各公司的对比。

2. 流动比率

流动比率是企业流动资产与流动负债的比率。企业能否偿还流动负债，要看其有多少流动资产，以及有多少可以变现的可移动的财产。随着公司拥有更多的流动资产和较低的流动负债，公司的短期债务偿还能力将会增强。

流动比率是指每一元的流动负债中有多少流动资产来担保偿付。其计算公式为

$$流动比率 = 流动资产 \div 流动负债$$

在公式中，流动资产通常是在资产负债表上的最终总的流动资产，而流动负债通常是在资产负债表上的最终的流动负债。

一般来说，流动性较高的公司，短期偿债能力较好。目前，国际上普遍认为，流动比率的警戒线是 1，如果流动比率等于 2 时比较合适，但如果是太高或太低则是不利的。高的流动比率说明公司的流动资产并未被充分利用，这将会影响公司的资本使用效率和筹资成本，从而对公司的盈利能力产生一定的影响；流动比率偏低，说明公司的短期债务能力较差，对公司的运营是不利的。

3. 速动比率

速动比率是公司的现金流对流动负债的比率。这一指标反映了公司的快速流动资产是否能够及时实现偿还流动负债。速动资产是指在现金流量中，从现金流中剔除不稳定的、不稳定的存货、预付账款、一年内到期的非流动资产。速动比率与速动资产的计算公式为

$$速动比率 = 速动资产流动负债$$

$$速动资产 = 货币资金 + 交易性金筹资产 + 应收账款 + 应收票据$$
$$= 流动资产 - 存货 - 预付账款 - 一年内到期的非流动资产$$

一般情况下，由于剔除了变现能力较差的存货、预付账款、不稳定的一年内到期的非流动资产等项目，速动比率反映的短期偿债能力更加可信，比流动比率更加准确。通常，速动比率越高，则说明公司有较好的清偿能力。目前，国际上普遍认为，速动比率为 1 比较合适。

4. 现金比率

现金资产包括货币资金和交易性金融资产等。现金资产与流动负债的比值称为现金比率。其计算公式为

$$现金比率 = 现金资产 \div 流动负债$$
$$现金资产 = 货币资金 + 交易性金筹资产$$

在剔除了应收账款对偿债能力的影响后，现金比率最好地体现了公司的直接偿债能力，也就是每一元流动负债中的现金资产的数量。因为流动负债是在一年之内（或者一个经营周期）相继到期，因此，公司不必随时持有与其流动负债相对应的现金资产。目前国际上普遍认为，0.2%的汇率是可以接受的。而这个比例太高，也就是公司将太多的资源浪费在了现金资产上，进而对公司的利润产生了不利的影响。

实际情况下，对流动比率、速动比率和现金比率的分析要结合不同的产业特征，而不能采用单一的指标。

（二）长期偿债能力分析

长期偿债能力是指公司有能力偿付长期债务。企业应根据其长期债务特征，在确定影响其长期偿债能力的因素的前提下，从公司的收益和资产规模两个角度来计算和分析其偿债能力，阐明其基本情况和变化的原因，从而为企业进行合理的债务管理指明方向。衡量公司长期债务能力的主要财务指标包括资产负债率、产权比率、权益乘数、已获利息倍数。

1. 资产负债率

资产负债率是负债总额除以资产总额的百分比。它反映企业资产总额中通过借债来筹集资金的比例，以及企业保护债权人利益的程度。其计算公式为

$$资产负债率 = 负债总额 \div 资产总额 \times 100\%$$

一般来说，较低的资产负债率表示公司的长期债务偿还能力较好。我国目前的看法是，企业的资产负债率不宜超过50%，而在国际上，一般认为在60%以上比较合适。实际上，公司的负债比率通常要高于这一比率。

公司的资产负债率越高，说明其偿付能力越差，其经营风险越大；相反，公司可以更好地还清长期负债。对债权人而言，尽可能地降低资产负债率，保证公司的债务，降低借贷的风险。对股东而言，他们最关注的是投资回报，当资本回报率超过贷款利息时，债务比率越大越好；反之，债务比例最好是尽可能地低。

由于公司的长期债务偿还能力受到公司的盈利能力的影响，因此，在实践中，经常将其与获利能力相结合。

2. 产权比率

产权比率又称负债股权比率，是负债总额与所有者权益总额的比率。它表明

债权人提供的资金与所有者提供的资金之间的比例，以及单位投资者承担风险的程度。其计算公式为

$$产权比率 = 负债总额 + 所有者权益总额 \times 100\%$$

在评估企业的偿债能力时，产权比例和资产负债率的影响是一致的。二者最大的不同在于，资产负债率注重对债务偿还安全的物质保证，而产权比例则注重于反映企业财务状况的稳定性和自身资本对偿债风险的承受能力。拥有较高的财产比例意味着金融结构的高度危险。

3. 权益乘数

权益乘数是资产总额与所有者权益总额的比值。权益乘数可以反映出企业财务杠杆作用的大小。权益乘数越大，表明股东投入的资本在资产中所占的比重越小，财务杠杆作用越大。其计算公式为

$$权益乘数 = 资产总额 \div 所有者权益总额$$

4. 已获利息倍数

已获利息倍数又称利息保障倍数，是指企业利息税前利润总额与利息费用的比率，可用于衡量企业偿付借款利息的能力。其计算公式为

$$已获利息倍数 = 利息税前利润总额 \div 利息费用$$
$$利息税前利润总额 = 净利润 + 利息费用 + 所得税$$
$$= 利润总额 + 利息费用$$

在此式中，总的股息税前利润是在收益表中，包括利息和所得税之前的收益；利息支出是指当期应支付的全部利息，既包含在财务费用中的利息，也包含在固定资产成本中的资本化利息。资本化的利息，尽管未计入损益表，但仍须偿付。获得的利率倍数是衡量公司偿还利率的能力，如果没有充足的税前收益，则很难支付利息。

所获得的利率是指利息收入的收益（税后利润）和利息费用的关系。这一比例越高，则说明公司的长期债务偿还能力越强。从长远来看，所获得的利率必须在 1 以上（国际上普遍接受的 3），即如果公司的利息税前利润超过了利息成本，那么公司就有了偿付利息的机会。若公司所获得的利率较低，则将面临亏损、偿债的安全性和稳定性降低的危险。在短期内，由于扣除了部分折旧和摊销成本，所以即使获得的利息比 1 低，它仍有支付利息的能力。但是，这种支付能力只是权宜之计，企业在进行资产重组时，必然会遇到偿付困难。所以，在进行分析时，必须将公司在多个会计年度（例如 5 年）中获得的利率进行比较，以反映公司的支付能力的稳定性。

二、盈利能力分析

公司的盈利不仅与股东的利益有关，也与债权人和其他利益相关方的利益有关。盈利能力是指在某一段时间里公司获得的利润。衡量公司盈利能力的因素有很多，包括销售毛利率、销售净利率、成本费用利润率、盈余现金保障倍数、总资产净利率、净资产收益率等。

（一）销售毛利率

销售毛利率又称为毛利率，是企业毛利额与销售收入的比率。其中，毛利额是销售收入与销售成本之差。相关计算公式为

$$销售毛利率 = 毛利额 - 销售收入 \times 100\%$$

$$毛利额 = 销售收入 - 销售成本$$

（二）销售净利率

销售净利率是企业净利润与销售收入净额的比率。其计算公式为

$$销售净利率 = 净利润销售收入净额 \times 100\%$$

（三）成本费用利润率

成本费用利润率是企业在一定期间利润总额与成本费用总额的比率。相关计算公式为

$$成本费用利润率 = 利润总额 \div 成本费用总额 \times 100\%$$

$$成本费用总额 = 销售成本 + 营业费用 + 管理费用 + 财务费用$$

（四）盈余现金保障倍数

盈余现金保障倍数是企业在一定期间内经营现金净流量与净利润的比率。盈余现金保障倍数的计算公式为

$$盈余现金保障倍数 = 经营现金净流量 \div 净利润$$

（五）总资产净利率

总资产净利率又称总资产收益率、总资产报酬率，是企业在一定时期内的净利润和资产平均总额的比率，可以用来衡量企业运用全部资产获利的能力，反映企业投入与产出的关系。其计算公式为

$$总资产净利率 = 净利润 \div 资产平均总额 \times 100\%$$

$$资产平均总额 = （年末资产总额 + 年初资产总额）\div 2$$

（六）净资产收益率

净资产收益率又称所有者权益报酬率，是企业一定时期的净利润与平均净资产总额的比率。净资产收益率可以反映资本经营的盈利能力，净资产收益率越高，企业的盈利能力越强。其计算公式为

$$净资产收益率 = 净利润平均净资产总额 \times 100\%$$

$$平均净资产总额 = （年末净资产总额 + 年初净资产总额）\div 2$$

净资产收益率是指公司利用自身资金效率的一个指标。指数越高，则越能获得较高的投资回报。由于净资产收益率具有最大的综合价值，所以它是衡量公司盈利能力的最常用的方法。这一指数在国内上市公司的综合表现排名中排在第一位。

三、营运能力分析

营运能力是指在企业的经营活动中运用资本运作的能力。运营能力是反映企业人力资源利用率和资本流动状况的重要指标。人们从企业的运营能力中，可以看到公司的运营情况和运营管理水平。高劳动生产率和良好的资本流动表明，公司具有较高的运营和较高的资本使用效率。

营运能力与资产的周转率有关，一般以周转率和循环周期来表达。周转率是指一个公司在某一段时间里，总资产的总周转率与其平均结余之间的比例，它反映了公司在某一段时间内的总资产的周转次数。周转周期是一个循环周期的倒数和一个计算周期的总和，它反映了一个资产的周期。两者的计算公式为

$$资产周转率（周转次数）= 资产周转额 \div 资产平均余额$$

$$资产周转期（周转天数）= 计算期天数 \div 资产周转次数$$

$$= 资产平均余额 \times 计算期天数 \div 资产周转额$$

评价企业营运能力的常用财务比率有应收账款周转率、存货周转率、流动资产周转率、固定资产周转率和总资产周转率等。

（一）应收账款周转率

应收账款是公司流动资产中的重要组成部分，及时回收，既能改善短期偿债能力，又能反映公司对应收账款的良好管理。目前，应收账款周转速度是衡量公司应收账款流动性的一个重要指标。其计算公式为

$$应收账款周转率 = 销售净额 \div 平均应收账款余额$$

$$平均应收账款余额 = （年初应收账款余额 + 年末应收账款余额）\div 2$$

式中，销售净额可以从利润表中获取。

应该注意到，以上公式中的应收账款，包括所有的赊销，如应收账款。如果应收账款的余额有很大的变动，则要尽量详尽地统计数据，例如，以每个月的应收账款余额为基础，计算其平均占款。

一般来说，应收账款的周转比率越高越好。高的应收账款周转率，说明公司的账款收得快，账龄短，资金流动性好，短期内有很好的偿债能力，能够降低收账成本和坏账损失。季节性经营、分期付款结算方式的大量使用、现金结算、年末大量销售、年末销售大幅下滑等，都会对此指数的计算结果有很大的影响。另外，高的应收账款周转率，很有可能是由于执行的信贷政策太过苛刻，信用标准和支付方式太过苛刻，这将会制约销量的增长，进而影响到公司的利润。这通常是由于库存的周转率同时较低。如果企业的应收账款周转率过低，就表示公司对应收账款的催收效率不高，或信贷政策过于宽松，会影响到公司的资金使用和正常的周转。所以，在运用这一指标进行评估时，必须综合考虑企业的前期指标、行业平均水平以及同类企业的指标，从而对企业进行评估。

应收账款周转天数反映企业从取得应收账款的权利到收回款项，并将其转换为现金所需的时间。应收账款周转天数越短，反映企业的应收账款周转速度越快。其计算公式为

$$应收账款周转天数 = 360 \div 应收账款周转率$$

（二）存货周转率

在流动资产中，库存占有很大比例，存货的流动性将直接影响企业的流动比率。通过对库存的分析，可以发现库存管理中存在的问题，从而达到节省运营资本、提高资本利用率、增强短期偿债能力、提高企业管理水平等方面的作用。库存周转率是衡量库存流动性的一个重要财务指标，它反映了库存的周转率。相关计算公式为

$$存货周转率 = 销售成本 \div 平均存货余额$$
$$平均存货余额 = （期初存货余额 + 期末存货余额）\div 2$$

在这一公式中，销售成本可以从利润表中获取。

库存周转率是指库存的周转率，是衡量公司的销售能力和库存水平的指标。通常，高库存意味着高的库存流动，高周转，低的资本占有；库存周转率较低，说明公司经营管理不到位，销售情况不佳，库存积压。库存的周转率不一定很高，如果库存的周转率太高，也有可能是由于库存管理上的问题，比如库存太

少、采购次数太多、数量太少等。

财务人员在分析库存周转率时，除了分析批量因素、季节性因素外，还要对库存构成及影响因素进行深入分析，并根据实际情况做出判断。

存货周转天数表示存货周转一次所经历的时间。存货周转天数越短，说明存货周转的速度越快。其计算公式为

$$存货周转天数 = 360 \div 存货周转率$$

（三）流动资产周转率

流动资产在企业资产中占有重要地位，因而管理好流动资产对提高企业经济效益、实现财务管理目标有重要的作用。

流动资产周转率是销售净额与全部流动资产平均余额的比率，是反映全部流动资产利用效率的指标。相关计算公式为

$$流动资产周转率 = 销售净额 \div 全部流动资产平均余额$$

$$全部流动资产平均余额 = （流动资产期初余额 + 流动资产期末余额）\div 2$$

总的流动资产周转率越高，说明使用同一流动资产所做的周转量越大，其使用效益越佳。流动资产的快速流转是指公司相对节省流动资产或者增加资产的投资，因而提高了公司的利润；流动资产的周转速度很慢，这就意味着公司必须对流动资产进行补充，这会导致公司的利润水平下降。流动资产周转天数的计算公式为

$$流动资产周转天数 = 360 \div 流动资产周转率$$

（四）固定资产周转率

固定资产周转率是销售净额与固定资产平均净值的比率，反映企业全部固定资产的周转情况，是衡量固定资产利用效率的一项指标。相关计算公式为

$$固定资产周转率 = 销售净额 \div 固定资产平均净值$$

$$固定资产平均净值 = （期初固定资产净值 + 期末固定资产净值）\div 2$$

固定资产周转率主要用于对企业大型固定资产的利用效率进行分析。通常情况下，固定资产周转率高，表明企业固定资产利用充分，固定资产投资得当，固定资产结构合理，能够充分发挥资产效率。固定资产周转天数的计算公式为

$$固定资产周转天数 = 360 \div 固定资产周转率$$

（五）总资产周转率

总资产周转率是企业销售净额与企业平均资产总额的比率，反映企业全部资

产的利用效率。相关计算公式为

$$总资产周转率 = 销售净额 \div 平均资产总额$$

$$平均资产总额 = （期初资产总额 + 期末资产总额）\div 2$$

第三节 财务综合分析

运用财务比率进行深度剖析，可以了解公司各层面的财务情况，却不能全面地认识各层面的财务状况。为了弥补这一缺陷，分析师可以根据自身的内在联系，综合反映公司的整体财务状况和经营业绩，从而对公司进行综合评估。财务综合分析就是把所有的财务指标综合起来，运用简洁、清晰的分析体系，对公司的财务和运营情况进行系统、全面、综合的分析、解释和评价，从而对某一特定时期内的复杂的财务状况和经营业绩做出最全面的综合评价。财务综合评价有很多种，其中最常见的是杜邦分析法和沃尔评分法。

一、杜邦分析法

杜邦分析法，也就是杜邦体系，是美国杜邦公司首次成功运用而得名。它是通过对公司的财务状况和经济效益进行全面的分析和评估。本系统以净资产收益率为出发点，从资本净利率和股本乘数出发，着重考察了公司的盈利能力和权益乘数对净资产收益率的影响，并分析了这些因素之间的相互影响与互动。

杜邦分析法将净资产收益率分解，其分析关系式为

$$净资产收益率 = 总资产净利率 \times 权益乘数$$

总资产净利率反映企业的资产盈利性，权益乘数反映企业的资本结构。但总资产净利率又受销售净利率和总资产周转率的影响，计算公式为

$$总资产净利率 = 销售净利率 \times 总资产周转率$$

该公式反映公司的经营战略。一些公司营业净利率较高，而总资产周转次数较低；另一些公司与之相反，总资产周转次数较高，而营业净利率较低，两者经常反方向变化。而净资产收益率又可表示为

$$净资产收益率 = 销售净利率 \times 总资产周转率 \times 权益乘数$$

在此公式中，销售净利率是对收益的总结，它反映了公司的运营业绩；权益乘数是一种资产负债表的总称，它能反映公司的最基本的金融条件；总资产周转率将损益表与资产负债表相结合，从而能够对公司整体的经营业绩与财务状况进

行全面的分析与评估。

杜邦系统包括净资产收益率、净资本收益率、股权乘数等指标，在揭示了这些指标的关系后，将净利润、总资产进行了分层分解，从而全面、系统地揭示了公司的财务状况及其内部要素的相互关系。

从杜邦系统中可以了解以下四种情况：

（1）净资产回报率是一种具有很强综合能力的金融指标。在杜邦体系结构中，这一体系体现了企业筹资、投资和资产使用等方面的有效性。所以，无论是公司的老板还是管理者，都对这个财务指标十分关注。

（2）销售净利率是公司净收益与净利润的相关性。提高销售净利率的方法有两种：一是增加销售收入；二是要努力减少成本和支出。

（3）总资产周转率是一个综合的衡量指标，它反映了公司利用资产来达到销售收入的能力。从资产的组成比例、使用效率是否正常、使用效果是否良好等几个角度，对资产的总资产进行了详尽的分析。

（4）股权乘数是指股东和公司的总资产之间的关系。权益乘数越大，则公司的债务越高，越能为公司提供更多的杠杆效益，同时也会增加公司的风险。企业必须合理地确定负债比率，并通过持续的资本结构来实现资本结构的优化，才能使公司的净资产收益率得到有效的提升。

公司的净资产收益率与销售规模、成本水平、资本运营和资本结构等因素息息相关。这些要素是一个相互依赖的体系，只有在各个要素之间进行协调，才能获得最大的资本回报率。

二、沃尔评分法

沃尔评分法是一种公司通过选择一定数量的重要金融比例，并根据其重要性计算出相应的得分，从而对其进行财务分析。沃尔首先提出了沃尔评分法。目前，人们普遍认为，在对沃尔评分法进行评估时，应该综合反映公司偿债能力、营运能力、盈利能力、发展能力等因素。

企业运用沃尔评分法进行财务状况分析的步骤如下：

（1）选择用于评估公司财政情况的比例指数。企业通常会选取一些能反映公司财务状况的重要指标。公司的盈利指标、偿债能力指标、营运能力指标和发展能力指标都可以综合反映公司的财务状况。

（2）按金融比例指数的重要性来决定其重要性。对于财务比率指标的重要性，通常可依据企业经营状况、管理要求、企业所有者、经营者、债权人等因素的综合考虑，但其重要性指数必须大于 100。

（3）为各种金融比例指标设定标准值。财务比率的标准值是指不同的现实状况和可预期的亏损。如果标准太高，会让整个企业的工作热情受到打击。一般情况下，可以根据工业平均水平对财务比率指标进行调整。在我国，对企业业绩的评估标准是由国家制定的，并予以公布。

（4）对某一特定时期的公司财务指标进行核算。

（5）计算各财务比率指标的实际值与标准值的比率，即关系比率。其计算公式为

$$关系比率 = 实际值 \div 标准值$$

（6）计算各项财务比率指标的得分并进行加总。各项财务比率指标的得分的计算公式为

$$各项财务比率指标的得分 = 重要性系数 \times 关系比率$$

若各项财务比率指标的综合得分超过 100，则说明企业财务状况良好；若综合得分为 100 或接近 100，则说明企业财务状况基本良好；若综合得分不足 100 且与100 有较大差距，则说明企业财务状况不佳，有待进一步改善。

应注意：企业在打分时，必须设定不同的财务比率指数的上下限，也就是最高和最低，这样才能避免因个别指标的不正常而对整体得分产生不合理的影响。通常，最高为普通评分的 1.5 倍，而下限是普通评分的 0.5 倍。

第五章 财务会计管理

第一节 财务会计规范理论与管理

一、财务会计规范理论

（一）财务会计法律规范

有些学者把欧美等发达国家的会计准则统称为"会计标准"，或者说，当今世界上很多国家都采用了"统一标准"来规范公司的财务信息披露。一些专著中也有这样的观点，但是这种观点并不完全正确。会计准则的形式包括经济立法、会计制度、会计准则、会计职业道德等。各国因其不同的社会背景、不同的历史传统而采取不同的措施。不同的国家，会计体系不同，有些企业既可以同时使用，也可以单独使用。为了保证会计准则的合法性和权威，各国纷纷制定相关的经济法规，对会计准则、会计制度、会计工作进行了规范。不同的法律在会计准则中占有不同的比例，这就造成了不同的会计模式。有些国家直接用经济规章来规范会计工作，而会计准则则是以执行政府的经济政策为主，德国就是其中的代表。

1. 德国会计模式形成的背景

德国是一个社会市场经济国家，它把社会原则（政府干涉经济）和自由（市场经济是立法的先决条件）结合到一起，抛弃了传统的自由竞争，反对国家控制经济，提出了一个国家为了促进经济的协调发展、实现社会公平而采取的干预措施，从而形成了一个明显的特点，即经济政策的法制化。具体到会计层面，就是形成了以法定的方式制订会计准则的会计模式。商业法或公司法对公司的业务和财务报表进行了详尽的规定，而税法则是各个纳税主体所要遵守的。德国人普遍认为，会计原理和程序在商法、公司法和税法中都有体现，它们并不具有英美体系中普遍存在的许多会计标准，也没有法国的统一的会计方案（制度），而是由法律来管理，具有最高的权威。但是法规再怎么细化，也不可能像会计准则和会计制度那样细致，这就需要会计从业人员具备较高的专业知识。德国的会计专业组织相对于美国来说比较薄弱，所以没有专业组织制订的会计标准，其首要任务就是对会计法规进行解释。

2. 德国会计的法律规范

德国是一个典型的成文法国家，其会计核算的基本原则、财务报表的编制、审计等问题都有明确的法律条文，而德国的会计准则却带有很强的政治色彩。19世纪以来，德国的会计准则被法典化，并尝试对公司的一切经济活动进行会计处理。1965年《股份有限公司法》和1985年《商法》均对会计核算规则、收益计量、会计报告的形式和内容等进行了详细的阐述。总结而言，德国的会计立法主要是从税法、商法、公司法三个层面进行的。

（1）税法。税法在德国的会计工作中起着重要作用，其中《所得税法》《所得税指令》等对我国的会计实践产生了重大的影响。税法对会计记录的要求非常明确，规定了会计期间的收入、费用的计算方法和分配方法，会计记录要与税收收入相符，会计报表的收入要与应税收入相符合，所有税务方面的特别是会计处理都应当在公布的财务报表中进行，否则，税务部门就不能将其作为征税的基础，也不能撤销其所得税减免。因此，在进行纳税申报时，必须自觉地遵循税法规定的会计准则与方法，而会计记录与报告应当遵循税收的宗旨，因此也就是所谓的"决定原则"。但是，德国最近几年一直在修改税法，尤其是关于"准备"的问题，这会造成报表收入和应税收入的不同。

（2）商法。《商法》对各种组织形式的公司（合伙、独资）都适用，并要求所有的公司都要遵守相关的税务法规，并对会计报表的一般规则、计价原则、会计资料的保管、报表的格式、内容等进行了详细的规定。但是，《商法》并未提到要将财政报告提交给政府。德国《商法》（《会计指令法》）对大型、中型、小型股份公司的财务报表编制和披露的要求各不相同。例如，在编制资产负债表、损益表时，企业可以按不同的类别划分，而中小企业则不必编制资金表、现金流量表；在报告的说明中，对于小型的股份公司，可以简化或不公开，而那些小规模的非股份公司，也可以不编制附件。

（3）公司法。德国公司法主要有《有限责任公司法》《股份公司法》，这些法律从1965年颁布，由于其适用范围广泛，因此，《股份公司法》的主要目标是防止公司虚报净资产和净利润。股份有限公司的财务报表、收益报表应满足法律规定，对股份公司的财务管理有很强的制约作用。

（二）会计制度规范

无论是会计制度还是会计标准，都是国际上普遍采用的标准。会计制度分为广义和狭义两种。广义会计制度是《中华人民共和国会计法》第八条所述的"全国统一会计制度"，是指由国务院财政部根据《中华人民共和国会计法》颁布的有关会计核算、会计监督、会计机构和会计工作管理的准则、制度、方法等。一般所称的会计系统属于狭义的，是指会计系统，它包含了会计报表的格式与使用说明、报表格式与编制说明、凭证、账设及分录等，是基层会计人员急需的会计基础工作规范和会计事务处理指南，而且集中成册，便于使用。会计标准可分为基础和特定两类。基本原则是与财务会计理论体系相类似的，是一种基本的会计理论。具体的会计标准通常是按照会计对象要素、经济业务特点和财务报表类型来确定的。在会计标准中，会计报表和会计分录的编制通常不包括在内。对一线会计人员而言，似乎存在着难以把握的缺陷。作为评价的会计体系和标准，没有区分商品经济和市场经济的区别，会计制度规范的确立主要包含确认计量和报告的标准、方法和内容，以及与其所处的社会环境、与国际接轨的程度、便利的程度。本书所称的会计体系，除了特殊规定外，都是指狭义的。其中最具代表性的是法国的《会计法案》，该法案是由政府制订和发布的。

1. 法国会计模式形成的背景

与美国对资本市场的依赖性不同，法国的私营企业在整个经济体系中占据了相当比例的份额，而且由于投资者对国债、银行存款的偏好较高，法国的资本市场发展受到了一定的制约，从而导致了法国的金融危机。法国是以市场调控和国家规划为导向的有系统的资本主义市场经济。法国注重会计服务于宏观经济，力求使会计信息具有可比性，并有效地对国家的经济数据进行统计。法国政府在会计工作中扮演着举足轻重的角色，它严格地规范了会计信息系统的操作流程和方法，并实施了一套统一的会计总方案。

2. 法国统一的会计方案

早在 1911 年，德国著名会计学家谢尔首先提出全面的会计科目表，逐步在德国实行，以后又引入法国。1946 年，法国成立会计标准化委员会，颁布第一部《会计方案》，并于 1947 年执行。法国《会计方案》于 1979 年修订后，长达 400 页。负责修订和执行会计方案的是隶属于经济事务部的全国会计委员会（CNC），因而会计方案具有行政法规性质。会计核算体系的主要内容有会计核算单位名称、分类、编号、术语的界定与解释、会计分录的形式、账目的内容、会计核算的原理、会计报表的形式等。

该计划的基础是一个十进制账户名的表格。从以上几个方面来看，这一计划与我们通常所说的会计体系有一定的相似之处，它可以归入会计体系中，而不是在会计标准中。建立一个基于公布的目标的会计系统，能够提供更加准确的财务信息，从而有助于制订更加合理的国家经济和金融政策；帮助消除财政收支失衡；将国家财富的实际分布情况汇报给大众，并将其最小化；为市场趋势提供信息；推动健康的竞争；有助于制定公平的税收制度；为股票持有者、货物供应者和银行家提供一个更好的机会来测试他们的判断；协助政府主管部门进行管制（管理）的工作；对财政结果有一个明确的观点；可以对生产费用进行分析和对比。

法国之所以没有采用标准格式，是由于法国的准则功能与美国的准则相似，但是它更具有统一性、系统性、强制性和权威性，而非美国的准则那么分散，难以掌握。

二、财务会计规范的管理

（一）财务会计行为规范管理

第一，个人会计的行为。个人行为规范的实现功能有两个方面：一是规范法律、道德规范等的设置方式，直接由个人的行动变为现实，从而在现实的会计实务中形成互补与补充。二是规范的实施要受到个人行为的监控与保障。为此，应对各种利益冲突进行分析，使国家利益、利益相关者和公司利益实现最优组合；要对个人利益进行明确的法律保障；要加强会计从业资格的管理，健全会计从业人员的上岗前培训与再教育，使其整体素质得到全面提升。

第二，会计团体的行为。要使群体行为在会计准则中发挥作用，就必须从利益最大化、群体稳定、合理行为持续性、激励员工工作积极性、充分顾及群体利益共享等方面着手，加强群体凝聚力；协调各群体间的关系，消除群体的任意性，使群体整体行为合理化；加强"以人为本"的思想，让人民的工作和工作的成效与人民的物质利益密切联系。

第三，财务人员的领导力。当前会计准则不能遵循，会计信息失真，这与领导者的不良行为有着密切的关系。为此，必须从会计管理制度、健全会计监督约束机制等方面对会计主体进行全方位的优化。

（二）财务会计信息规范管理

第一，真实性。会计资料的编制必须依据所发生的经济活动，真实、完整地反映公司的财务状况和业绩。会计信息应当以实际发生的经济业务为依据，真实、完整地反映财务状况和经营成果，这是会计信息的核心及本质要求。

第二，相关性。要使会计信息与其使用者的要求相关联，确保企业内外有关方面对会计信息的相关要求得以实现。

第三，可比性。即前期、后期采用一致的会计准则和会计政策，保证各时期会计信息可比。

第四，及时性。及时收集、加工、传递会计信息，保证时效，快捷地将信息提供给使用者。

在会计业务中推广和普及电子计算机应用的工作。在中国，现阶段主要是应用计算机代替人工记账、算账、报账及对财会信息进行分析和判断等工作。它可以提高工作效率和会计核算质量，实现信息资源共享，促进会计工作规范化，促进财会理论、技术的研究和发展，推动会计制度改革。因此，实现会计信息电算化，要做好会计信息系统的建立和管理工作。

第二节　项目投资分析与决策

一、项目投资

（一）投资的含义和种类

1. 投资的含义

所谓投资，就是指某一特定经济主体（包括国家、企业、个人）在某一特定时段内，以现金或实物等形式投入某一特定的时间，以获取利益或资本增值。从企业的角度来看，投资是指将资金投向某一目标以获得利润的一种经济活动。

2. 投资的种类

投资按不同标志可分为以下几种类型：

（1）按照投资行为的介入程度分类。按照投资行为的介入程度，分为直接投资和间接投资。直接投资是指由投资人直接介入投资行为，即将货币资金直接投入投资项目，形成实物资产或者购买现有企业资产的一种投资。其特点是投资行为可以直接将投资者与投资对象联系在一起。间接投资是指投资者以其资本购买公债、公司债券、金融债券或公司股票等，以期获取一定收益的投资，也称为证券投资。

（2）按投入领域进行分类。根据投入领域的不同，可将其划分为生产型和非生产型两种类型。生产性投资，是指将资金投入生产、建设等物质生产领域中，并能够形成生产能力或可以生产出生产资料的一种投资，又称为生产资料投资。这些投资的最后结果是包括固定资产投资、无形资产投资、其他资产投资、流动投资等多种生产性数据。其中，前三项属于垫支资本投资，最后一项属于周转资本投资。非生产性投资，是指将资金投入非物质生产领域中，不能形成生产能力，但能形成社会消费或服务能力、满足人民物质文化生活需要的一种投资，这种投资的最终成果是形成各种非生产性资产。

（3）按投资方向进行分类。根据投资的方向，可以划分为国内和国外两类。在企业的观点中，对外投资即项目投资，是指公司将资金投入固定资产、无形资产、其他资产和支付流动资金的一种投资。境外投资，是指企业通过向其他企业（联营企业、子公司）注资而进行的投资，包括期货、期权、信托、保险等。

（4）按投资内容进行分类。根据投资的内容，可以分为固定资产、无形资产、其他资产、流动资产、房地产、证券投资、期货和期权投资、信托投资、保险投资等。

（二）项目投资的一般程序

为保证项目投资决策的科学性、合理性和有效性，企业应当根据需要制定相关的投资决策程序。

1. 确定投资战略

对公司而言，战略是指公司面对急剧变化的环境和激烈竞争的市场，为谋求自身长期生存和持续发展而制订的全局性发展规划。任何公司都有大量的、潜在的投资项目，每项可能的投资都是公司的一个可能的选择，有些选择是有价值的，而有些则不是。成功的财务管理是在环境分析中学会寻找项目机会和发现价值。确定投资战略，就是要通过寻找有价值的项目，确定公司全局性的投资规划。公司要有效地分析外部环境和自身条件，诸如宏观经济环境、法律法规政策、市场供需状况、产品生命周期、替代品状况、管理能力技术力量、原材料供应、筹资能力等，认真研究可供选择的投资机会，及时把握机遇，确定投资战略，获取长期竞争优势，实现公司价值最大化。

2. 投资项目筛选

投资战略确定之后，需要分析公司目标和投资战略的符合性，并对投资项目的先进性、盈利性、项目投资时机、投资方式与合作伙伴等进行评价分析，对各种投资机会进行筛选。一旦确定了好的投资机会，就要对投资项目进行价值判断，内容涉及估计项目寿命期；估计项目预期现金流量及风险；评估确定折现率；评估投资机会项目现金流，用财务评价方法（如净现值法、内含报酬率法等）对不同项目进行排序，并拟订项目计划。

3. 投资项目决策

拟订了项目计划之后，管理者需要对各类项目计划进行取舍，并选择现有条件下最利于公司长远发展的投资项目。项目决策过程是对拟订项目进一步研究与分析、进行价值判断及提出项目投资建议的过程。从决策程序看，它是项目投资规模及公司内部授权制度，分别由经营者、董事会或股东大会来审批。

4. 投资项目实施

投资项目一经确定，就必须付诸实施。投资项目包括项目性质、公司内部责任分工等，分别由投资部或工程部等负责实施。在项目实施过程中，责任人需要对照项目预算、工程质量标准、实施时间进度等，对其过程进行全方位监控和审计，对偏离预算和标准的要确定差异、查明原因，提出改正措施，或视环境变化并经相关决策后，及时调整相关项目，以降低项目投资风险。

5. 项目实施的事后管理

项目实施的事后管理，主要是指对项目实施结果进行全方位评估，项目责任审计对公司战略决策的可行性、工程和资本支出预算管理的有效性等进行审核，并为未来项目管理提供借鉴。

二、项目投资现金流量的估计

（一）现金流量的概念

现金流量是指在资本项目决策中，在项目计算期内（有效年限内）因资本循环而可能或应该发生的各项现金流入和流出的总称。在这个时候，"现金"是指广义的"现金"，指的不仅仅是各类货币资本，还有那些必须被投资的非货币资源。例如，一个项目需要使用原有的厂房、设备和材料等，则它们的变现价值（而不是它们的账面价值）构成了项目决策相关的现金流量。由于资本项目投资不同于营业支出，项目覆盖多个时间段，其寿命周期不止一个会计期间，所以管理当局必须站在整个寿命周期的角度看待项目，逐年估计在整个项目寿命期的现金流量。

（二）现金流量的构成

现金流量包括现金流出量、现金流入量和现金净流量三个方面。

1. 现金流出量（cash out，CO）

一个方案的现金流出量是指由该方案引起的企业现金支出的增加额，主要包括以下内容。

（1）建设投资，是指与形成生产经营能力有关的各种直接支出，包括固定资产投资、无形资产投资、其他资产投资等的总和，它是建设期发生的主要现金流出量。其中，固定资产投资是所有类型投资项目注定要发生的内容，这部分现金流出随着建设进程的进行可能一次性投入，也可能分次投入。

（2）流动资金投资，指在完整工业投资项目中发生的用于生产经营期周转使用的营运资金投资。会引起对流动资金的需求，主要是保证生产正常进行必要的存货储备占用等，这使企业要追加一部分流动资金投资。这部分流动资金投资属于垫支的性质，当投资项目结束时，一般会如数收回。

（3）经营成本，是指在经营期内为满足正常生产经营而动用现实货币资金支付的成本费用，又被称为付现的营运成本（或简称付现成本）。它是生产经营阶段上最主要的现金流出量项目。

（4）各项税款，指项目投产后依法缴纳的、单独列示的各项税款，如营业税、所得税等。

（5）其他现金流出，指不包括在以上内容中的现金流出项目。

2. 现金流入量（cash in，CI）

一个项目的现金流入量是指由该方案引起的企业现金收入的增加额，主要包括以下内容。

（1）营业现金收入。它是指项目投产后每年实现的全部销售收入或业务收入，营业收入是经营期主要的现金流入项。

（2）回收固定资产的余值。它是指固定资产出售或报废时，所收回的固定资产价值。

（3）回收垫支的流动资金。回收的流动资金是指项目完全终止时因不再发生新的替代投资而回收的原垫付的全部流动资金额。

3. 现金净流量（net cash flow，NCF）

现金净流量又称净现金流量，是指一定期间现金流入量减去现金流出量的差额。现金流入量大于现金流出量时，为现金净流入量，表现为正值；反之，为现金净流出，表现为负值。某年的现金净流量可表示为：现金净流量（NCF）= 现金流入量（CI）- 现金流出量（CO）。

（三）现金流量的计算

1. 确定现金流量的假设

（1）财务可行性分析假设。假定项目已经具备了国民经济可行性和技术可行性，估计现金流量主要是从企业投资者的角度出发，继而评价项目的财务可行性。

（2）全投资假设。只考虑投入项目资金的运转情况，不区分其来源，即使借入的资金也视为自有资金。因为在实践中，企业要先评价项目是否可行，待投资意向明确后，才会考虑资金来源问题，资金的来源属于在筹资决策中考虑的问题。所以，从逻辑上，投资决策在先，筹资决策在后。从内容上，评价项目属于投资问题，资金来源属于筹资问题。

（3）时点指标假设。由于货币具有时间价值，所以不能把不同时点的现金流量跨时期直接加减。为了便于考虑货币的时间价值，简化计算，不论现金流量所涉及的价值指标是时点指标还是时期指标，均假设按照时点指标进行处理。一般情况下是把一年内的不同时点的现金流量看成当年年末这一时点的数值，把终结现金流量看作最后一年年末发生的，所以该假设又称年末习惯假设。

（4）确定性假设。假定与项目现金流量有关的价格、产销量、成本水平和企业所得税税率等因素均为已知常数。

2. 不同时期现金净流量的计算

（1）初始现金流量。初始现金流量是指开始投资时发生的现金流量，是现金流出量，一般包括如下几个部分：①固定资产上的投资，包括固定资产的购建成本、运输成本和安装成本等。②流动资产上的投资，包括对材料、在产品、产成品和现金等流动资产的投资。③其他投资费用，如与项目有关的职工培训费。④原有固定资产的变价收入，是指固定资产更新时变卖原有资产所得的现金收入。若原始投资在建设期内投入，则建设期某年的现金净流量 = 该年现金流入 - 该年现金流出 = 该年发生的投资额。

（2）营业现金流量。营运现金流是指投资项目在运营期间因生产和运营而产生的资金流入与流出。在此，现金流入通常是指经营现金的收入，而现金流则是指经营活动的现金支出和支付的税款。

（3）终结现金净流量。是指项目完结时发生的现金流量，主要包括固定资产的残值收入或变现收入、流动资金全额回收。

3．现金流量的作用

以现金流量作为项目投资的重要价值信息，其主要作用在于：

（1）现金流量信息所揭示的未来期间现实货币资金收支运动，可以序时动态地反映项目投资的流向与回收之间的投入产出关系，使决策者在投资主体的立场上，完整、准确、全面地评价具体投资项目的经济效益。

（2）利用现金流量指标代替利润指标作为反映项目效益的信息，可以克服因贯彻财务会计的权责发生制原则而带来的计量方法和计算结果的不可比和不透明等问题。即由于不同的投资项目可能采取不同的固定资产折旧方法、存货估价方法或费用摊配方法，从而导致不同方案的利润信息相关性差、透明度低和可比性差。

（3）运用现金流的资讯，将非现金的资金流动和资金流动的形式排除在外，从而简化了对投资决策的评估指标的计算。

（4）将现金流信息与项目计算周期中的每一个时点紧密联系在一起，将资金的时间价值作为衡量投资决策的指标，对其进行全面的评估。

三、项目投资财务决策

（一）独立投资项目决策

在财务管理上，把一组相互分离、不能排在一起的项目叫作"单独"，在各个独立的项目中，只有一个不会对其他的项目产生影响。特别是独立项目的成立必须具备以下条件：资金不受约束；不按资产优先使用次序排列；本项目的人力、物力均可满足；没有考虑区域和行业之间的联系和影响；任何一个投资项目的可行性，都只依赖于它的经济利益，而非其他的。

独立的项目决策是对一个投资项目的财政可行性进行评估，而无须做出最优的决定，也就是"接受"或者"拒绝"。在对该项目的可行性得出结论时，折现评估与未贴现评估指标存在着偏离的风险，因此，本书对该项目进行了以下定义：

第一，如果折现指标评价结论为可行，非折现指标评价结论为可行，那么该项目完全具备可行性。

第二，如果折现指标评价结论为可行，非折现指标评价结论为不可行，那么该项目基本具备可行性。

第三，如果折现指标评价结论为不可行，非折现指标评价结论为可行，那么该项目基本不具备可行性。

第四，如果折现指标评价结论为不可行，非折现指标评价结论也为不可行，那么该项目完全不具备可行性。

（二）互斥投资项目决策

项目投资决策中的"互斥"方案是指在进行投资决策时，需要考虑到多个相互排斥、不能同时存在的问题。互斥方案决策是指在每个方案都有经济可行性的情况下，选择最佳方案的方法。在多个方案的比较决策理论中，把一个具体的评估指数作为一个决定的准则或基础的方法叫作这个指数的名称，如果把单一的评估指数作为选择一个最优的基础，则叫作一个净现值法；同样地，还有净现值率法、差额投资内部回报率法、年度净偿率法。

1．净现值法

采用净现值法和净现值率法对同一投资、同一工程计算周期相等的多个方案进行比较时，可以采用净现值或净现值率较高的方法。例如，一个固定资产投资项目，初始投入一千万元，有甲、乙、丙、丁4个互相排斥的备选方案可供选择，已知各方案的净现值指标从大到小分别为甲、乙、丙、丁（4个备选方案的净现值率均大于零，均具有财务可行性）。依据净现值法的决策标准，甲方案最优，丙方案其次，次为丁方案，最差为乙方案。

2．差额投资内部收益率法

差异内部收益率法是以两种不同投资方式的净现金流量差异为基础，通过与行业基准折现率的对比，来确定该方案的优劣。本方法可用于两个不同的投资，但同一工程的计算周期的多个方案进行比较。在更新改造工程的投资决策中，如果其差异内部收益率指数高于基准或设置了折现率，则需要进行更新和改造；否则，就不应该进行更新和改造。

3．年等额净回收率法

年等额净回收率法是指将各投资项目每年的净回收率（M4）指数进行比较，从而选出最佳方案。该方法适合于不同初始投资，尤其是不同工程的计算周期的多个方案的比较。

（三）投资项目组合决策

每一种方案既不能互相独立，也不能互相排斥，但可以进行任何的组合或排队，则称为组合或排队。

1．多方案组合决策的总体原则

多方案组合决策的总体原则是：在确保充分利用资金的前提下，力争获取最多的净现值。

2．具体原则

（1）当资本总额不限定时，将全部净现值大于或等于 0 的方案进行组合，可以按照每个项目的净现值大小排序，从而决定优先次序。

（2）在资本总额有限的情况下，应根据净现值或盈利指标的大小，将净现值与盈利值相结合，选择最大的投资组合。

具体步骤是：

第一，按项目净现值率的高低，按项目的总投资金额，按项目的总投资额进行计算。

第二，在一项投资（假设第 j 项）的累计投资刚好与所规定的全部投资金额相符合时，第 j 项的投资是最佳的。

第三，如果不能在排序时直接找出最佳组合，则需要按照以下的方式进行调整。①如果在排序中发现，第 j 项的累计投资第一次超出了限制的投资，而删除了该项目，则按照该项目的累计投资金额，但该项目的累计投资额低于或等于该项目，则可以将第 j 项和第 $j+1$ 项互换，继续计算累计投资额。可以持续地进行此交流。②如果在排序中，第 j 项的累积投资额第一次超出了限制投资额，且不能与下一项进行交易，则第 $(j-1)$ 项的初始投资比第 j 项的初始投资多，则可以将第 j 项和第 $(j-1)$ 项互换，并继续计算投资总额。也可以继续进行这样的交流。③在多次交易之后，如果无法继续进行交易，但仍然无法确定所需投资总额刚好与所需投资总额相等时，则以最终交易后的资产为最佳。

第三节　预算与税务管理

一、预算管理

（一）预算的概念及作用

预算是指企业在预测和决策的基础上，以数量和金额的形式反映的企业未来一定时期内经营、投资、财务等活动的具体计划，是为实现企业目标而对各种资源和企业活动的详细安排。预算必须与企业的战略和目标保持一致，数量化和可执行性是预算最主要的特征。预算是将企业活动导向预定目标的有力工具，在企业财务管理中发挥着重要作用，主要表现在以下几方面。

1. 预算有利于企业经营达到预期目标

在企业预算的执行过程中，各部门将实际数与预算数对比，可及时发现问题，并及时采取有效措施调整偏差，消除薄弱环节，从而使企业的经济活动按预定的目标进行。因此，预算具有规划、控制、引导企业以最经济的方式完成既定目标的经济活动。

2. 预算可以实现企业内部各个部门之间的协调

从系统角度出发，最优的局部规划并不一定适合于整体。例如，公司的生产部门可以制订一个生产计划，使其能够最大限度地发挥其已有的生产能力，但是销售部门却没有能力出售这些产品，而且财政部门也会觉得没有必要的资金。因此，企业的销售、生产、财务等部门可以根据不同的情况，制订出最优的方案，而其他部门的预算并不能得到全面的均衡。所以，必须让各个部门的主管对其在整体上所处的位置和角色有一个清晰的认识，从而使他们之间的经济活动相互协调、密切配合。

3. 预算可以作为业绩考核的标准

预算确定的各项量化指标也是对各个部门绩效进行评估的重要基础。根据预算执行情况，对预算的实际偏差程度及产生的原因进行分析，对各部门和员工进行考核评价，并据此明确责任、实行奖惩和安排人事任免等。

（二）预算的分类

（1）预算根据其内容可划分为：一般经营预算、特殊决策预算及财务预算。日常经营预算是指直接与公司经营活动有关的各种经营业务预算，包括销售预算、生产预算、直接材料耗用量及采购预算、应交税金及附加销售和管理费用预算等。

特殊的决策预算是指在公司很少发生的一次性重要的决定预算，如资金预算。财务预算是一项预算，它反映了计划期间的现金收支、财务状况和运营结果。

（2）根据预算期长短，预算可以划分为短期和远期两类。根据企业的实际需求和项目的具体情况，可以是一月、季度、半年、一年或几年。一般把一年之内的预算称作短期预算，超过一年的预算叫作长期预算。通常，企业的预算周期通常与会计年度相适应，主要是一年期的短期预算，当年可以以季度或每月进行。因此，在编制预算时，必须把长期和短期的预算相结合，充分考虑到各种预算的特殊性。

（三）预算编制程序

在实践工作中，企业结合自身情况和经验开展预算的编制工作，其编制程序也不尽相同。一般而言，为了使各部门都能有效地为企业整体服务，可采用"自上而下、自下而上、上下结合"的编制程序。基本流程如下所述：

1. 董事会或类似机构提出预算目标

企业董事会或类似机构根据企业发展战略、预期行业整体发展态势和经济政策环境影响等，在决策的基础上进行预测，即提出预算期目标，包括销售目标、成本费用目标、利润目标等，决定预算的制定，并通过预算局或其他类似机构向各个部门传达，即"自上而下"。

2. 各部门编制本部门预算上报管理部门

根据预算办公室或其他相关单位制定的预算目标、方针，以及自己的具体情况和特点，提出更加详细、更加切合实际的部门预算，并将其统一向公司财政主管部门报告，是"自下而上"的做法。

3. 财务管理部门进行全面预算

企业财务管理部门汇总各个部门提交的预算计划，并做全面的综合平衡。在综合平衡的过程中，预算办公室或类似机构应将初步调整意见反馈给有关部门予以修正，同时在各部门间进行充分协调。财务部根据有关预算执行单位的调整和修订，制订企业的预算计划，继而上报预算办公室或类似机构讨论。

4. 对全面预算方案进行进一步的调整修订

对于不符合企业全局发展目标的事项，预算办公室或类似机构应当责成有关预算执行部门进行进一步的调整修订，从而形成基本符合企业整体目标、各部门充分协调的全面预算方案。第三、四步流程即"上下结合"。

5. 将拟定的全面预算方案提交审批

在对全面预算方案讨论、调整、修订的基础上，企业财务管理部门正式编制企业预算草案，提交董事会或类似机构审议批准。

6. 预算分解下达各部门执行

企业财务部门将经批准的全面预算项目划分为一套指标体系，并通过预算委员会或其他相关机构将其逐级下发到各个预算单位。

二、税务管理

（一）企业税务管理的含义和目标

在我国，税收制度具有十分重要的意义。企业税务管理是指对其涉税业务和纳税服务机构进行研究、分析、计划、处理和监督、协调、沟通、预测和报告等活动的全过程的管理活动。

（二）企业税务管理的原则

经营税收要遵守下列原则：

（1）正当性。正当性原则是指在进行税收管理时，要遵循各种法律、法规和规章制度。

（2）遵循公司的整体财务管理目标。遵循企业财务管理的一般目标是指在税收管理中，要充分考虑到现实的金融环境、企业的发展目标和发展战略，利用不同的财务模式来选择、组合各类税收问题，使公司的资金、资源得到最合理的分配，从而达到最大的效益。

（3）费用－收益的原理。企业税收经营的基本目标是获得利润，所以，在实施税收管理时，应从总体上减少税收负担，从不同税种、不同企业实际出发，力求使税收管理所获得的利润高于税收管理的成本。

（4）预先计划的原理。企业在进行税务管理时，必须提前规划企业的经营、投资和理财活动，以尽量减少企业的应税行为，减轻企业的纳税负担，达到企业的纳税筹划目标。

（三）企业税务管理的内容

企业的税收管理包括两个方面：一是对企业的税收活动进行管理，二是对企业的经营管理。根据税收与生产、经营活动之间的关系，可以将其内容分为以下几个方面：

（1）税收资讯管理，主要是收集、整理、传输、保管公司内外的税收资料（税收法规、历年纳税情况等），以及分析、研究、教育、培训等。

（2）税收筹划，主要包括企业的税收筹划、重要的经营活动、重大项目的税负测算、企业纳税方案的选择和优化、企业年度纳税计划的制订、企业税负的分析和控制。

（3）税务管理，包括企业经营税务管理、企业投资税务管理、企业营销税务管理、企业筹资税务管理、企业技术开发、商务合同税务管理、企业税务管理、企业工资福利税务管理。

（4）税务实务管理，包括企业的税务登记、纳税申报、税款缴纳、发票管理、税务减免申报、出口退税、税收抵免、税款延期申报等。

（5）税务行政工作，包括税务凭证的保管、税务稽查、税务行政复议、税务行政诉讼、税务行政赔偿申请及处理。

税务管理是我国企业提高纳税意识和财务管理水平的一种体现，应当引起越来越多的关注。

第六章　财务价值实践

第一节　绩效考核

一、绩效考核的目的

绩效考核，又称业绩考核或结果评估，指的是公司采用具体的标准和指标对各级管理人员的绩效进行价值判断的过程，这些人员承担生产和运营过程并完成特定任务，由此产生效果，以达到生产和运营的目的。

绩效考核是一项系统工程。它是在既定战略目标下评估员工的工作行为和绩效的过程和方法，并使用评估结果为员工未来的工作行为和绩效提供积极的指导。

通过定义这一概念，我们可以明确界定绩效考核的目的和重点。为了更好地实现这一目标，企业需要分阶段将目标分解为不同的部门，并最终将其实施给每个员工，也就是说，每个人都有一项任务。

二、绩效考核的作用

绩效考核从根本上说是一种流程的管理，而不只是考核成果。这是一个把中长期目标划分成年度、季度和月度目标的流程，它会持续激励着员工去完成和提高。有效的业绩评估有助于企业达到预期的目的。绩效评估是一个计划、执行计划、改正计划的周期，它包含了制定业绩目标、完成业绩要求、执行业绩修正、业绩访谈、业绩改善和再制定目标等各个方面。这一过程也是一个不断发现和改进问题的周期。

一般而言，业绩评价有以下作用。

（一）作为员工的薪酬调整、奖金发放的依据

每个雇员都将在绩效考核中获得评估。无论是描述性的还是定量的，这一结论都可以作为员工薪酬调整和奖金支付的重要依据。绩效考核的最终结果向员工本人开放，并应得到员工的认可。

（二）作为员工晋升、解雇和调整岗位的依据

员工的每次绩效考核都将客观、合理地评估员工。通过这种方式，将员工绩效评估与晋升等级联系起来是非常公平的，同时，员工自己和其他员工也会认可。

（三）作为调整人事政策和激励措施的依据，促进上下级的沟通

员工与管理者之间的沟通是绩效考核不可或缺的一部分。在沟通中，管理者和员工将面对面地讨论评估结果，并指出其优点、缺点和需要改进的领域。这种正式的沟通机会不仅可以帮助管理者及时了解员工的实际工作条件和根本原因，还可以使员工了解管理者的管理理念和计划。沟通还可以促进管理者和员工之间的相互理解和信任，提高管理者的渗透率和工作效率。

（四）让员工清楚企业对自己的真实评价和期望

虽然管理者和员工可能经常开会并讨论一些工作计划和任务，但如果没有绩效考核，管理者可能不会告诉员工他们在企业中的地位和角色，这可能会导致员工在不知情的基础上出现错误，无法正确判断自己在企业中的地位，造成一些麻烦。绩效考核明确规定，管理者必须向员工明确企业的评价，使员工更好地了解自己，减少一些不必要的投诉。

（五）使公司能够及时、准确地获取雇员的工作情况，并将其用于潜力的发展教育和训练

企业每次绩效考核后，管理者和人力资源部能够及时、准确地了解到员工的工作情况。通过对上述资料的整理与分析，对公司的招聘制度、激励政策进行评价，并及时发现政策中的不足和问题，及时调整。

绩效考核有其独特的目的和作用。作为企业管理者，要想把绩效考核的作用发挥出来，就要全面了解绩效考核对企业的意义和作用，还要多向有先进管理模式的企业学习经验，这样才能让绩效考核更好地发挥作用。

三、绩效考核的内容

一套完整的业绩评估包含三个方面：业绩评估、能力评估、态度评估。然而，在实际运作中，各单位的工作环境不同，对员工的要求也不尽相同，所以会针对自身的具体情况，对某一种进行评估。例如，如果一个部门的工作重点放在了提高工作效率上，那么其绩效评价就会更加突出。如果一个公司要提拔一批有才能的人才，以推动公司的发展，那么评价的内容就是以能力评价为主。因此，一个企业的评估内容和评估目的是息息相关的。

（一）业绩评估

绩效考核一般被称作"考绩"，它是对员工在工作中的表现进行考核和评价。它能测量一个单位的会员所做出的贡献。绩效评价是最基本的工作关系，可以直接反映员工对公司的价值。

企业的业绩评估通常是通过三个指标来衡量的。

1. 任务绩效

任务表现与其特定的工作有着紧密的联系，它反映了其工作的完成程度，并对其工作绩效进行了评价。

2. 管理绩效

管理绩效主要是以行政类员工为对象，考察其对部门和下属的管理状况。

3. 周边绩效

周边绩效与企业的组织特性有联系，反映了有关部门的服务成果。

（二）能力评估

能力评估是对雇员在工作岗位上所表现出的能力进行评价。工作能力可分为专业技术能力与综合能力。例如，能力评估可以检验雇员对工作的判断、工作中的协作能力。审核员要以评估的能力、标准和要求为基准，以判断员工是否符合能力评估要求。这些技能的基本要求是：常识、专业知识、其他相关知识，需要指出的是，企业人员考核中的能力评估和能力测试是不同的。前者与被评估人员从事的工作有关，后者则是根据个人自身的属性评估员工的能力，区分优缺点，强调人的共同特征，而不一定与员工当前的工作有关。

（三）态度评估

态度评估是对工作中的工作困难进行评价，例如，工作动机、热情、忠诚、服从命令等。工作态度评价是指员工对待工作的态度。其评估指标可以从五个方面设定具体的评估标准：工作主动性、责任感、工作纪律、工作协作和出勤状态。

态度是工作能力和绩效之间的中介，工作能力的变化取决于态度的正确性。当然，我们还应该考虑内外环境的工作条件。并且，"功绩"与"努力工作"的关系取决于态度。企业必须最大限度地使"努力"的人成为"功勋"的人才。因此，企业使用态度评估就显得十分有必要了。

具体来说，如果一个人想要最大化他的能力，他必须有一个良好的能力结构来适应它，否则他将受到缺乏某个领域知识的阻碍。同时，合作伙伴之间应该有一个匹配的能力结构，以便他们能够相互补充，相互促进。

有的时候，员工自己也不知道自己的能力是什么，所以经理们必须制定出一套可以检验员工的业绩评价体系，让他们对自己更加了解，同时也可以让他们按照自己的业绩来安排工作，可谓是一举多得。

这里需要注意的是，绩效考核一定要根据公司的实际情况来制定，一定要量体裁衣，这样才能发挥它应有的作用。

第二节　预算管理

一、概述

预算是一种系统的方法。安达信的《全球最佳实务数据库》认为，预算是一种分配企业财务、物质和人力资源的方法。企业能够通过对战略目标执行过程进行预算监督，从而实现对成本的控制，并对公司的现金流量、利润进行预测。

预算管理起源于英国，但是在美国却运用得非常好。预算是指对各个部门和单位进行分配、评价、控制各类财务和非财务资源的分配，使公司的生产和运营活动得到有效的安排和协调，从而达到公司的预定目标。

全面预算管理是一种管理机制，将企业内部的控制、激励和评估功能相结合，全面实施企业的业务战略。它是企业内部控制的核心。在资源分配的基础上，预算体系的作用是对企业和部门的业绩进行测量和监测，从而保证公司的战略目标得以实现。管理学专家戴维·奥利说，综合预算管理是少数几种将企业的主要问题结合在一起的管理控制方式。

对营销公司来说，全面的预算管理作为多年前开拓市场、扩大销售和争夺市场份额的必要和有效管理工具之一，已逐渐融入企业管理文化。企划部是营销公司全面预算管理发起、控制和监督的中枢部门。

二、五大预算构造全面预算体系

全面预算是企业"稳健经营、持续发展"战略的主要手段，它包括经营预算、资本预算、筹资预算、资金预算、财务预算。

（一）经营预算

销售公司的经营预算包括销售预算、生产成本预算、产品成本预算、经营成本预算、采购预算、期间成本预算等。运营预算不仅要有实物量指标，还要有价值和时间量指标。

（二）资本预算

营销公司的资本投资预算主要是固定资产投资预算、权益资本投资预算、债券投资预算。

（三）筹资预算

在预算期内，营销公司需要借入新的短期和长期贷款，发行已批准的债券，并偿还原有的贷款和债券。

（四）资金预算

在预算期，市场公司将会获得资本收益和资本开支的预算，其中包括资本收入和资本开支，这两项预算都是以期望的资金计划的形式体现的。

（五）财务预算

财务预算的主要体现为资产负债表、预计现金流量表、预计收益表。

三、营销公司全面预算管理的五大层面

营销公司全面预算管理层面可分为预算技术、预算管理导向、预算文化与预算制度、预算主动发展能力、预算假设规律五个方面。

（一）预算技术

1. 预算路径选择

预算技术使预算主导者（企划部）能根据不同的路径，制定一系列的预算，

并将其与现实情况进行对比，以确定哪个路线更实际，帮助预算领导（规划部门）从多种策略路线中做出抉择。其实，许多市场公司的预算主管（策划部）都在这样做，但他们并没有明确地提出预算，这是一种自发的行动，而不是一种自觉的行动。

2. 战略的清晰化、路径化

分析营销公司（销售公司）和功能单位的分支机构报告的预算，如水分含量多少、实现的可能性如何。预算可以横向比较每个分支和功能单元的预算情况。

3. 集团战略性资源配置

预算中最重要的作用是将宝贵和稀缺的战略资源，特别是财务资源分配给整个集团，这提供了一个非常有效的基础。因为所有的营销公司都经营同一个事业单元，集团高层很容易通过对各营销公司的有效预算进行同质比较，准确无误地决策出战略性资源配置。

（二）预算管理导向

综合预算的制定需要有策略地进行。综合预算要包含战略思想。市场营销公司在制定策略计划时。在明年或未来的一段时间里，让哪家分支经营部门（企划部）萎缩、哪家分支经营部门（企划部）做强、哪家分支经营部门（企划部）保持现状以及哪家分支经营部门（企划部）某些重点产品要做得强大一点，这些都由预算主导者（企划部）支配。由于预算是由市场公司来决定的，而资源永远都是有限的，市场公司发展得越好，资源就越匮乏，就越需要进行这种预算。

（三）预算文化与预算制度

在预算过程中，这看上去似乎是最有效的，如果上司破坏了预算，扰乱了制度，并通过热线控制了预算，看起来有效。但实质上，它将破坏公司多年累积的整个预算系统。当前，很多公司经营很多年并没形成一个预算文化和预算制度的框架。所谓预算文化与预算制度，是指老板一旦做出预算以后，他本人必须也服从预算、尊重预算。此外，预算管理可以极大地提高内部的稳定性、可靠性和预见性，一方面可以预见到风险，另一方面也可以通过一项有效的财务核算，使企业的眼光不再局限于一年，而是着眼于更长远的未来。当然，我们也不可能把长期的利益都放在一边，而是要在短期和长期之间找到一个合理的平衡点。只有如此，公司的运营才能取得很好的结果，即远见的公司能看到长远的前景，而不是那些只看到空洞的公司。公司的竞争，就是一种比较有利的竞争，没有绝对的优势。因此，预算管理的文化与体制是企业决策可靠性、预见性、稳定性的重要保障。

（四）预算主动发展能力

事实表明，企业要想取得积极的发展，预算是至关重要的。企业应积极地发展，而非被动地、随意地在市场上穿行。只有少数企业，在最初的时候，依靠市场的力量能快速成长，但随着公司的规模越来越大，企业的发展速度也会越来越慢。企业发展不积极，就会出现"大公司病"，企业的负面因素、官僚因素、企业效益都会下降；如果公司在市场上随大流，其盈利将会大大降低。因此，企业的发展，就像是一艘逆流而上的船，必须要提前布局和规划，才能保证自己的利益。

（五）预算假设规律

预算是一种预测，假设未来会怎样。因此，预算管理中的假设，包括各项指标的假设、方案可能性的假设和竞争对手反应的手段假设等，预算主导者（企划部）都要综合在一起考虑。预算管理中有很多假设：如价格下降了以后，会不会扩大占有率；提高价格会不会降低占有率；降价或提价了以后，竞争对手会做怎样的反应，会不会让利润结构受损等。

实际上，预算管理就是在按规则办事。许多公司都误以为做预算是财务部的工作，而实际上，预算才是公司的最高机构。大家感叹苹果公司的新款消费电子产品一上市便能轰动全球，万人空巷。实际上，大家必须看到其成功的背后，苹果公司真正地对消费者、对高端电子产品的消费规律和完美的产品与高利润支持之间的规律，有着非常深刻的理解、掌握和应用。

预算主管（计划部门）可以在预算中发现一些规则，从而在市场营销中起到突出作用，在市场竞争中取得很大的主动。而在这条定律中，预算起着很大的作用，因为企业在制订计划的时候，会考虑到可能发生的事情，也会考虑到可能发生的事情，以及可能发生的一切。预算员（策划部门）会根据每个项目的利弊，对决策树模型进行分析和判断，然后通过一种组织的方式，从制定预算到修改预算，再到实行预算。从表面上看，这是一组特定的计划与资金分配的结果，它的本质是一种路径的选择，也是一种更好的未来发展路线，还是一场博弈的终极成果。

总而言之，优秀的预算不仅能为企业的发展指明方向，也能为企业的经营提供很好的参考。

第三节　并购

一、并购的概念

并购是实现公司规模扩大、投资者财富快速增加的主要途径，也是近几年国外直接投资中最常用的一种方法。

并购是指合并和收购。兼并，又称混合，是指两个或更多的公司依照双方签订的合同、协议，按规定的程序，合并成一家或成立一家新公司。合并可以看作一种合并，即主要的公司仍然保持公司的法人地位和公司的标识，并吸纳一家或多家公司，而另一些公司则丧失了他们的法人地位或变更了他们的合法主体，只是合并公司的一部分。并购是企业用现金或可转移的有价证券，例如债务、股票等，购入其他企业的股票、股权或资产，从而取得企业的全部资产或资产的所有权或控制。公司的法律实体的身份不会消失。

二、并购的意义

与新建投资相比，并购投资的作用十分明显，而跨国并购的意义更为突出，其优势和特点在于：

（1）加速投资者进入国外市场，提高市场份额，提升投资者及其企业在行业中的战略主导地位。

（2）迅速扩大产品线和生产经营规模。

（3）降低成本费用，减少资本投入。

（4）取得先进的生产技术、成熟的管理经验、众多的专业人才和成熟的营销网络等各类促进企业发展的重要资源。

（5）有利于整体品牌经营战略的规划和实施，提高企业知名度，增强企业竞争力。

（6）借此机会进入新领域，实施多元化战略，实现业务风险多元化。

三、并购的分类

（一）按产业组织特征划分

按照涉及的产业组织特征划分，并购类型分为横向并购、纵向并购和混合并购。

（二）按国家与地区划分

按照并购涉及的国家与地区划分，并购类型分为"内内型"并购（国内企业之间的合并与收购）、"内外型"并购（国内企业对外国企业的合并与收购）和"外内型"并购（外国企业对国内企业的合并与收购）。

（三）按交易意愿划分

按照并购交易意愿划分，并购类型分为友好协商和强迫接管。

（四）按公开程度划分

按照并购的公开程度划分，并购类型分为要约收购和非公开收购，这一分类仅针对被收购企业为上市公司的并购。

（五）按直接性或间接性划分

按照并购的直接性或间接性划分，并购类型分为直接并购和间接并购。

（六）按对象类别划分

根据企业的目标分类，可以将其归类为资产收购与股权收购。

四、并购支付方式

（一）现金收购

"现金收购"是一种通过收购人用现金购买目标公司或其原始股东的方式。采取这种方式可确保收购方的控制权固化，对于收购方而言，现有的股东权益不会因此被淡化，也不会导致股权被稀释和控制权被转移。同时，可以减少收购方的决策时间，从而避免错过最佳并购时机。但是，采取现金收购方式要求收购方在确定的日期支付大额现金，这就受到收购方本身现金结余的制约。此外，还可能面临货币的可兑换性和汇率等金融成本、并购资金的资本化能力、现金回收率、目标公司的税收负担等风险。由于上述种种弊端和风险，目前现金收购在实际并购的操作中更多为资产支付、股权支付等形式所取代，如资产置换、以资产换股权等。

（二）股票置换

股票置换是指股东在并购后，根据购买者的净资产、商誉管理和发展前景，以其股票贴现率作为其股本投入的收购行为。这样，交易的规模通常很大，而且不受现金能力的限制。交易完成后，标的公司的股东不会失去其所有者的权益，而是在买方和标的公司共同收购后，将其对标的公司的所有权转让给标的公司。在大多数情况下，目标公司的股东仍然控制着运营，但目标公司的股东和收购方的股东共同承担目标公司估值下降的风险。在这一支付方式下，收购方无须过多考虑东道国当地税务准则及其对出价安排上的制约，从而享受税收优惠政策。涉及增发新股的，如果目标公司盈利状况较差或者并购支付价格较高，也要考虑到可能导致的目标公司每股权益下降、净资产值减少的风险。

（三）债务承担

债务承担式收购，也称为零成本收购，意味着当目标企业的债务价值等于资产价值时，购买者不需要向目标企业支付购买款，但承诺履行债务支付目标企业的义务。

（四）债权支付

债权支付收购是指一般意义上的"债转股"，即购买者将其债权转换为目标企业的权益，实现债权人转让给股东的购买方式。

（五）卖方筹资

卖方筹资是指收购方不需支付现金，只需承诺提供固定的未来偿付义务即可完成并购的方式。采用这种方式进行收购时，目标企业或其原股东相当于为收购方提供了资金融通，是对收购方非常有利的收购方式。

（六）杠杆并购

杠杆并购是指通过将目标企业的未来盈利能力或资产作为抵押来收购和支付银行贷款以进行收购。运用这种方式进行收购，收购方不需要动用巨额资金，可以通过利用目标企业资产做抵押的方式获得银行贷款或发行"垃圾债券"进行筹资，收购方还可以利用目标企业未来的经营收入进行支付。

（七）混合并购

这里的混合并购是指使用各种支付工具的组合来实现在并购交易中获得目标公司的控制权的支付方法。支付工具包括现金、股票、公司债券、优先股、认股权证和可转换的债券。

第四节　企业重组

一、企业重组的概念

企业重组是对企业资本、资产、劳动力、技术、管理等要素进行再分配的一种过程。企业重组贯穿于企业发展的全过程。企业重组是指重组和优化企业资源配置以实现其战略目标的活动。企业重组可分为广义和狭义。广义企业重组包括三种类型：扩张重组、收缩重组和破产重组。狭义的企业重组仅包括收缩重组。

二、企业重组的分类

（一）扩张重组

扩张重组表现为合并、接管或接收以及标购等。

1. 合并

合并是指两个或两个以上企业的组合，其中所有原始企业不作为法人实体存在，而是建立新企业。

2. 接管或接收

接管或接收是指公司的原控股股东（通常是公司的最大股东）通过出售或股权持有量被他人超过而控股地位旁落的情况。

3. 标购

标购是指企业直接向其他企业的股东提供购买其持有的企业股份的行为，以达到控制企业的目的。公司上市时会发生这种情况。

（二）收缩重组

收缩重组有资产剥离、公司分立以及股权出售三种方式。

1．资产剥离

所谓资产剥离，是指在企业股份制改革过程中，不属于计划中的股份制企业的资产和负债与原企业账户的分离。

2．公司分立

公司分立是指根据《公司法》的规定分为两个或两个以上公司的经济行为，包含新设分立和派生分立。

3．股权出售

股票销售是指公司向其他投资者出售其附属公司的股票。

（三）破产重组

1．破产企业的重组内容

破产后的企业重组有业务重组、资产重组、债务重组、股权重组、人员重组、管理重组等。

2．破产企业的重组流程（BRP）

（1）功能内的BRP。功能内的BRP即对职能内部的流程进行重组。

（2）功能间的BRP。职能之间的BRP是指突破企业内各部门的界限，跨越多个职能部门的界限进行业务流程再造，实施流程团队管理。

（3）企业间的BRP。BRP是指两家或多家公司进行业务重组，从而使整个供应链得到有效的管理，从而减少生产、订单、销售周期、工作流程和非增值费用。这样的BRP不但是企业过程重组的最高层次，而且是企业结构调整的终极目的。

三、企业重组的价值来源分析

公司重组的直接动因有两个：一是使现有股东的资产市值最大化；二是使现有经理的资产最大化。这两种情况可以相互矛盾。不管怎么说，提升公司的价值对于这两个目的来说都是至关重要的。

企业重组的价值源泉包括：

（一）获取战略机会

并购的一个动力就是收购将来的发展机遇。当公司决定在某一领域扩展业务时，一个很重要的策略就是将现有业务整合起来，而非依赖于公司本身的发展。理由是：

（1）直接与研发部门联系。

（2）取得工期上的优势，避免在生产过程中出现延迟。

（3）减少竞争对手并直接在行业中占据一席之地。

另外一个企业改组的战略机遇就是利用市场的力量。采取同样的定价策略，可以使两个公司的利润高于其他公司。有许多资料可以用于揭露策略机遇。会计资料在公司治理结构中扮演着重要角色，例如，可以利用财务收入来评价公司的盈利状况，也可以用来评价产业的获利状况。

（二）发挥协同效应

企业重组的协同作用是指企业并购后，可以实现"1+1>2"和"5-2>3"的双重作用。造成这种影响的原因有以下几个方面。

1. 在生产方面

重组能够带来规模效益，能够采用新技术，能够降低供给不足的可能性，能够充分发挥闲置产能。

2. 在市场和分销方面

通过对企业进行结构调整，可以实现规模效益，这是一种快速进入新市场的途径。该系统能够扩大已有的分销网络，提高对产品的市场控制力。

3. 财政方面

通过对企业进行重组，可以有效地发挥企业未动用的税收优惠、发展闲置负债的能力、拓展已有的分销网络、增强对产品的市场控制。

4. 在人员方面

通过组织结构，可以吸纳主要的管理技巧，并将各个研究开发部门进行整合。在所有的行业中，财务分析都是至关重要的。例如，为了评估生产能力所带来的效益，分析产业中其他公司的利润和生产能力利用率；在评估各个研发部门的效益时，也应该将其成本分析纳入其中。

（三）提高管理效率

企业改组的价值源泉还在于提高经营效益。其中之一就是经理们目前的经营模式是不规范的，所以如果他们被更有效率的公司收购，那么经理就会被替换掉，这样就可以提高公司的经营效率。为了达到这个目的，财务分析是一个非常关键的因素。在这一分析中，我们应当注意到：

（1）产业分配中合并目标预计的会计收入。

（2）分布的差异。公司在分配中的位置越低，分配越分散，越有利于新经理人获利。

另外一个有效的途径就是当管理者和现有的股东的利益能够更好地协调一致时，就可以提高管理的有效性。通过杠杆收购，当前经理的财富组成依赖于公司的财政成就。此时，经理们也许会把注意力集中在使公司的市值最大化上。

（四）发现资本市场错误定价

如果一个人可以在资本市场发现不正确的股票价格，那么他就会获益。财务刊物上常常刊登有关企业兼并后再卖出部分资产，以使其完全购入的价格达到零成本的企业。在企业重组过程中，各个方面的谈判能力都会对公司价值的配置产生一定的影响。即便是公司的重组不能带来增值，也存在着价值分配的问题。重新分配财富也许是公司改组的一个显著动力。

第五节　税务筹划

一、税务筹划概念

税务筹划是指在实际纳税义务发生之前纳税人选择较低的税负。也就是说，在法律许可范围内，纳税人通过事先安排和规划业务、投资和财务管理，充分利用税法规定的所有优惠政策，包括减税和免税，以便获得税收优惠最大值。从广义上说，税务规划既包括个人和家庭的税务规划，也包括企业的税务规划。

二、税务筹划的作用与目标

纳税支出对纳税人来说是资金的净流出，税负大小是决定纳税人各种交易和经营活动最终收益大小的重要因素。通过税务筹划节约纳税等于直接增加纳税人的净收入。它与财务管理理念中增加收入、节约开支、降低成本和最大化收入具有相同的意义和作用。因此，如何进行税务筹划无疑是投资和财务规划的重要组成部分。

如何通过合理地节税来达到减轻税负的目的呢？所有这些都需要仔细研究和规划。个人税务筹划的主要目标是通过最大限度地减少自然人的总税负来最大化总收入，并合法合理地节省税收。

三、税务筹划的特点

税务筹划具有超前性、屏蔽性、合法性、风险性与专业性五大特点，下面具体说明。

（一）超前性

超前性指税务筹划要在事先进行。一旦业务已经发生，事实已经存在，纳税义务已经形成，此时就无法筹划。所以，进行税务筹划必须具有超前意识，即未雨绸缪。

（二）屏蔽性

这是一种视觉上的阻碍。为了保证计划的顺利实施，往往需要故意地设置这样的遮蔽。屏蔽的设定并非规划人员的一种假定，它可以为税收机构寻找一个合理的论证。例如，公司希望提高员工的薪酬，从而导致了个人所得税的上涨，但员工却没有获得多少好处。而给员工发放工作餐或接送专用道，以此来增加员工的福利，等于变相地增加了员工的收入。在这里，班车是一种障眼法，它掩盖了减税的真正目标。

（三）合法性

税务筹划只能在法律许可的范围内进行，违反法律规定、逃避纳税责任就属于偷税行为。

（四）风险性

税务筹划的风险性是指税务筹划可能达不到预期所产生的风险。尽管许多筹划方案理论上可以少缴税或降低部分税负，但在实际操作中，却不一定能达到预期的效果。因为在方案实施过程中，税收政策、经济形势等变化，可能会使原先设定的筹划条件发生变化而不能获得理想效果。

（五）专业性

税务筹划需要具有专业知识的人员的帮助，面对大规模的社会化生产，全球经济日益一体化，国际经贸业务频繁发展，经济规模不断扩大，个人多元化的收入渠道，以及日益推进的税制改革，纳税人的能力和知识本身并不足以进行规划。因此，作为第三产业的税务代理和税务咨询应运而生。如今，全世界的会计师事务所和律师事务所，特别是发达国家的会计师事务所和律师事务所，都在陆续开展税务筹划咨询业务。

四、税务筹划与避税、偷税的异同

（一）税务筹划与避税、偷税的共同点

从国家财政的角度来看，逃税、避税和税务筹划将减少国家的税收。对于纳税人而言，从表面上看，这些都是减轻税负的形式，其目的是规避和减轻税负。

（二）税务筹划与避税、偷税的区别

1. 从法律角度看

偷税是非法的，应该依法进行纳税。偷税是通过漏报收入、虚假增加开支和虚假会计记录来达到减税的目的。它是对税法的蔑视与挑战。一旦被发现，偷税者一定会受到惩罚。避税是基于税法漏洞和措辞缺陷，它可以通过人为安排交易来规避税收负担。在形式上，它不违反法律，但实质上它违背了立法意图和精神。从本质上来看，这种行为将受到税法的监管和限制，但法律的漏洞和滞后性使其免于受罚。从这个意义上说，这是非法的，这就是为什么可以实施反避税的原因。税法允许甚至鼓励税务筹划：在形式上，它基于明确的法律规定；在内容上，它符合立法意图。这是一种合理合法的行为。税务筹划不仅旨在最大化纳税人自身的利益，而且是依法纳税，履行税法规定的义务，维护国家的税收利益。它是国家征税的保障，也赋予纳税人独立选择最佳纳税方案的权利。

2. 从时间和手段上来讲

偷税发生在税务义务发生后，纳税人通过欺骗和隐瞒减少应纳税额，如缩小税基和降低适用的税率等级。避税也是在纳税义务发生后进行的，通过一系列以税收优惠为目的的交易作为实现人为安排的主要动机，此类交易往往没有商业目的。税务筹划是在尚未缴税的情况下进行的。通过事先选择、安排生产和业务活动来实现。

3. 从行为目标上看

偷税的目标是少缴税。避税的目的是减轻或消除税负。减轻税负是偷漏税的唯一目标，税务筹划是为了最大化纳税人的整体经济利益。税收优惠只是需要考虑的因素之一。

第七章 财会工作的实践研究

第一节 新经济时代财会工作的实践研究

一、经济形态与会计发展之间相互关系的理论分析

会计与经济存在着相互依存和相互关联的关系。会计的发展，既是经济发展的必然结果，也是经济结构变迁的必然结果。从会计发展的历史脉络来看，每次新旧经济形势的变化都可以推动经济发展，从而推动会计工作的发展。但是，新的经济形势自身又给会计带来了不同寻常的需求，这又是一个推动会计发展的动力。在历史上，两种主导因素即经济水平和形式，它们以不同的方式影响和决定着会计的发展和取向，从而使会计发展的进程随着经济的发展而不断地向前发展，同时也伴随着经济的变化。

人类社会发展到今天，已经走过了两个历史时期：农业和工业。在我国的农村经济中，虽然庄园经济对会计的发展起着很大的作用。在那时，会计主要是为农场主服务，而农场主则是主要角色。会计核算与管理的核心是物质性，也就是仅记载物质性的增加或减少。因此，中国传统的会计均衡反映的其实是财产自身的变化及其后果。在此公式中，仅存在"资产"一项，并无权益性。所以，在农村经济社会中，会计实际上是一种单纯的实物核算，而不是一种现代的核算。

在资本主义代替封建社会以后，以资本为代表的商品经济成为主要的经济形态。在资本主义经济中，物权的交换仅仅是一种形式，它的基本目标就是通过交换来获得资本的价值。因而，人们对物权的认识，不仅仅局限于物权本身，更多地涉及物权的关系，也就是物权交易所体现的物权关系。权益观念的兴起和它的观念（资本）的盛行，使会计的计量与记录观念从一元到二元，从测量财产本身到对财产和资产的双重价值。尽管资本主义早期的商业经济推动了复式记账法的出现与发展，但从整体上来看，会计的发展还停留在簿记的发

展阶段，没有一个比较完备的现代会计制度。工业革命以后，工业经济在欧洲的资本主义国家中占有重要的位置，传统的纺织、冶金、煤炭工业因使用了先进的机械设备而大大地增加了工业的规模和效率。随着工业经济的发展，经济管理出现了新的变革，制造过程复杂化，设备费用和管理费用剧增，成本控制日益突出。由于传统的记账方法不能准确地测量和控制生产成本，已经不能满足现代企业管理的要求。20世纪30年代，根据工业革命的发展，将预算控制、标准成本和差异性分析等有机地结合起来，形成了一种新的会计学科——管理会计。目前，由成本会计、治理会计、财务会计三者组成的比较完备的现代会计知识体系已经初步成形。

（一）社会经济发展对会计的影响

1. 经营管理的规范成熟及要求提高对会计的影响

从整体上看，随着业务的规范化和成熟，会计人员的素质不断提高，会计工作的手段、业务流程也越来越先进。同时，在全球经济一体化的背景下，跨国企业的出现，也促进了国际会计的发展，从而丰富了我国的会计理论和实务。

2. 科学技术进步对会计的影响

由于社会生产力的不断提高，会计工作才有了自主性，现代科学技术的发展使会计电算化有了很大的发展，在一定程度上减少了手工会计的应用。

3. 币值的波动对会计的影响

现代市场经济是一种信用经济，它通过政府的信用来发行货币，但是它也会造成货币的过度流通，从而造成了通货膨胀，这种通货膨胀是资本主义经济的常态。货币的贬值会扰乱会计的基本原理，从而造成会计数据的失真。

4. 知识经济发展对会计的影响

知识经济，包括技术、专利、管理等，原来成本化的开支都要进行资本化，知识经济使其内容更为丰富、更为复杂，从而使会计核算更真实地反映资金流动。特别是在知识和互联网经济发展的背景下，会计工作受到了很大的冲击。下文将详细讨论这一点。

5. 国际环境发展变化对会计的影响

全球化的出现，使采购、生产、交换、消费、分配等越来越全球化，并逐渐融入全球的经济体系和形式中。这一趋势推动了全球会计理论与法律实践走向国际化，并逐渐成为全球通行的经济语言。

（二）会计对社会发展、经济环境的影响

1．对宏观经济环境的影响

会计工作是一种具有重要意义的经济活动，它既能反映经济的运行情况，又能为政府提供经济预警，为国家获取有关经济、企业发展等方面的信息，从而对宏观经济进行有效的调节，推动经济平稳运行，降低经济运行风险，实现经济发展。

2．对微观经济体的影响

会计工作的主要成果就是会计报表等会计信息，而会计信息则为管理层提供了决策的基础。规范的财务核算还能为投资者提供财务、业务、资金的合理配置、金融深化服务，从而维护金融的稳定、推动经济的可持续发展。

3．推动社会和经济的法制化、秩序化

会计信息的真实性、合理性、合法性是证券交易公正、公开的基础，而虚假的会计信息将会对证券市场造成极大的影响，例如，2013 年万福生科公司在上市公司中的财务造假事件，给相关股东造成了巨大的损害，也给公司带来了巨大的灾难。会计人员根据税法的规定，对公司的经营业绩、流动负债、存货成本等进行调整，并在国家的经济政策指导下进行，会计工作的规范化，有利于国家经济法、税法、竞争法等的顺利实施，有利于国民经济的正常运转。

4．推进国民经济与国际接轨

会计国际化，采用国际会计标准，使国际金融借贷、贸易往来、经济信息交流更加透明、更加公平、更加容易理解，增进了双方的满意，促进了国际贸易的发展，促进了各国的经济利益。

二、知识经济的影响

我国的会计思想、理论、方法等都是在工业经济时代产生并发展起来的。知识经济的兴起和快速发展对现行会计制度产生了深刻的影响。当前的会计知识系统在面对巨大的挑战的同时，也在酝酿着一个机会，进行改革与创新。

（一）对会计属性的影响

学界对会计本质的认识并不一致，目前学术界存在着"老三论"（艺术论、工具论、治理活动论）、"新三论"（信息系统论、治理活动论、控制论）。但是，这些概念的形成时间都是在 20 世纪七八十年代之前，反映出人们对会计知识的了解，并没有新经济时代的特点。美国的经济学家马克卢普近来将会计行业称为知识工人、新信息的制造者；另一个经济学家认为，会计行业是一个第二层次的资讯行业，或者说是一个典型的资讯行业。可以说，这种对会计的认识和认识，具有时代性、宏观性和理论性，同时也凸显了它在知识经济时代的重要性。所以，会计界应该从新的角度、新的经济环境入手，对会计进行深入的研究与认识。

（二）对成本计量与控制理论的影响

在工业经济时期，传统的成本测量和控制理论应运而生。在知识经济条件下，成本结构与静态和工业经济是截然不同的。对于知识企业或高新技术企业而言，研发费用是最大的，而生产费用和变动费用则基本为零。这就要求：①要找到并确定新的成本控制点，开发新的成本控制手段；②研发活动的高风险，开发费用的未来收益预测不明确，保障性差，而变动费用太低，这就导致了研发费用或软件复制费用不能成为收益推测的依据；③应对传统成本核算中研发费用的核算方式进行检讨。由于采用这样的方式，会使软件的成本测量出现严重的畸变。

（三）对筹资理论与资本结构理论的影响

在工业经济时代，企业对固定资产、设备的投入是巨大的，所以在创业初期，企业通常采用财务杠杆的方法来进行筹资，形成了以自有资金和借入资金为基础的二元资本结构。然而，在"知识经济"时期，企业对固定资产、设备的投入相对较少，特别是某些互联网公司、软件公司，只要有几台计算机就能正常运转。所以在创业初期，企业并不需要贷款，但一旦公司发展起来，就可以通过自己的资金来筹集资金。这样，企业就会形成一个单一的资本结构，只有自己的资本，没有或者只有少量的借款，而且资本成本非常低。这表明，传统的筹资和资本结构理论在现代企业中是行不通的。

（四）对资产计量理论的影响

现有的资产计量理论和实践主要集中在有形资产的测量上，而对无形资产的测量虽然也在一定程度上加以考虑，但其适用的范围非常有限。在知识经济时代，无形资产作为企业的核心能力，是公司的主要收入来源，其所占的比例已大大提高，而在一些新兴企业中，无形资产已占到了总资产的50%～60%。如果继续采用现有的资产核算和计量方法，将会使会计人员对企业的资源和竞争能力产生严重的失真。

（五）对资本计量理论的影响

目前的资本计量理论主要是以实物资本和提供人的利益为基础，只承认有成果的部分，如专利、技术等，对大多数的知识和知识产权都是不承认的。从知识经济的观点来看，这一资本的确认和计量理论存在着严重的缺陷，因为知识产权和高新技术企业的创新能力是企业价值和竞争优势的来源。而企业的创新能力则是由企业所掌握的知识的累积程度决定的。如果企业对知识资源、知识资产和所有者的权利不予以承认，不仅会造成对资本的测量和反映不完整，而且会抑制企业创造力的形成和发展。

（六）对财务报告理论的影响

网络经济是知识经济时代最突出的特点。企业可以利用因特网与其他公司、投资人进行即时的沟通和沟通。由于经济活动的地域和信息的及时性，使传统的会计信息披露模式面临着严峻的挑战，需要会计人员通过定期（年、季度、月）、对象（投资者、债权人等）等多种信息披露形式，利用更先进的信息交换媒介进行广泛的及时性信息加工与传递。

（七）对绩效评价理论的影响

在传统的经济评估模式中，企业的规模和产出效率都是以实物资本和物质产品数量为标准的。但从知识经济角度来看，该评估模式已过时、不适用。由于知识经济的发展，企业的经济活动仍然是以物质资本为基础的，而知识、技能、能力是企业经济发展的重要推动力。公司的价值本质上取决于它的创造能力，而不是它的实际资本。

（八）对利润形成与利润分配理论的影响

传统的经济学理论认为，企业的利润来自资本（尤其是物质资本），所以，企业的利润分配主要是资金的所有者，而工人则是物质资本的附属品，只能获得劳动报酬，不参加利润的分配。知识经济时代，知识、技能、能力是企业最重要的资源和利润增长点。因而，在知识经济中，人的要素是最重要的利润来源，它是以人为"本"，而非以物为"本"的经济。与之相对应的是，企业的利润分配必须同时兼顾资本和知识。

三、知识经济下的会计变革与创新

（一）会计核算观念创新

1．确立新的财务资源观念

在知识经济时代，企业要树立新的金融资源理念，拓展金融领域。如使企业能够利用的自然资源、传统金融资源等有形资源，建立和运用基于智力的或非物质资源，如知识资源、时间资源等。

2．确立"融智"或"融知"比筹资更重要的观念

知识经济的主体是知识企业，它的成功与失败已由资源、物质资源转变为知识与时间资源。企业在经营活动中所需要的资金、人员、技术、市场等都是建立在员工的知识能力之上的，这就是"融知"和"融智"的重要因素。企业在进行财务管理时，必须树立"知识与时间"第一的理念，并通过合理的资本运营，培养和扩展知识、时间的资源，从而达到优化企业资源配置、适应知识经济发展需要的目的。

3．人本财务观念

人本管理是与物权管理相对应的概念，它要求把人视为社会人或文化人而非经济人，理解人、尊重人，充分发挥人的积极性和主动性。

（二）会计核算内容创新

在知识经济的今天，无形资产已经成为企业创造价值的一个重要动力。在此基础上，我们认为，以价值为基础的无形资产可以被界定为：企业创新活动、组织设计、人力资源实践等，是企业创造价值的源泉。由于无形资产对公司的盈利起着重要的作用，如果继续使用历史成本法，尤其是对自创的无形资产进行成本化，而没有在会计报表中体现出来，就无法对投资者和债权人进行正确的披露，从而使投资者和债权人产生误解。所以，在无形资产尤其是自主创新的基础上，必须进一步完善。

随着计算机技术和网络技术的飞速发展，企业的生产、经营活动、研发活动、采购活动等都需要采用高技术进行管理，企业间的竞争更加激烈，这就要求会计管理发挥核算过去、控制现在、参与决策、预测未来等职能作用，用会计特有的方法了解和分析市场，评估各种经济的和非经济的、有利的和不利的、内部的和外部的因素和风险，以便采取应对措施预防和化解风险，实现预定的经营目的。

（三）改进以交易为基础的会计核算体系

目前，基于交易的会计制度所提供的资料主要是具有物权交换关系的商品买卖、购货、利息、资本开支等。基于交易的会计制度的优势是，它是根据特定的交易或业务的实际金额来进行会计处理，确认销售收入、存货、利息或资本的增长。但是，在新的经济时代，以无形资产为主，知识资本商品化，无法及时反映无形资产增长对公司价值的影响，从而降低了决策的效率。由于无形资产可以在一刹那得到，也可以转瞬即逝，加之互联网技术的快速传播，任何对公司价值有影响的事情都有可能在一瞬间传遍整个世界。而基于交易的会计制度，只能在获得可靠的数据（即交易发生时）时，才能进行确认和测量，这明显滞后于事物的出现和公司的价值的相应变化，而事务与交易的不一致是造成投资者和经理决策相关性较低的重要因素。

（四）探索风险会计体系和评价体系

在现代企业的财务管理中，人们已普遍认识到筹资有经营风险、财务风险、投资风险等问题，但是在知识经济时代，财务风险、资金风险、货币风险、投资风险等方面的风险意识较弱。如何有效地防范和抵御各种风险和危机，使企业更好地适应市场经济体制，客观上使得每一家公司都有可能遭受经济损失，而在知识经济时代，这种可能性更大。

四、新经济时代财会工作的创新路径

新世纪以来，随着网络技术的普及，财务、会计工作的本质、工作环境也随之发生了巨大的改变。会计人员既要具有扎实的会计基础知识，又要具有一定的电脑操作能力，此外，会计资料的真实性会直接影响到公司的决策，所以，在会计工作中，要学会正确地筛选和保证会计信息的真实和可靠，同时要具有良好的职业道德素养，严格地保护公司的财务秘密，避免被竞争者盗用。随着国际贸易的日益频繁，财务工作越来越精细，财务会计人员必须掌握世界上通用的财务会计、审计等知识，并掌握一些经济、法律的知识，从而使自己的工作水平得到进一步的提升。

（一）新经济时代对财务会计基本理论的冲击

1. 对会计对象的冲击

经济结构的调整是为了更好地分配生产要素，以更低的投资获得更多的社会财富和福利。在新的经济环境中，信息使用者不仅只关心过去的价值增加活动的数目，而且因为决策需求，大部分资讯使用者也会考虑到公司目前及将来的增值活动。在新经济时代来临之际，这一问题将变得更为紧迫、更为重要。因而，有必要将会计客体从过去的价值增值运动延伸到预期的价值运动。会计客体的扩展，体现在会计不仅能提供历史资料，而且还能为将来提供预测。新经济时代，企业会计信息包括人力资源会计、社会责任会计、资本成本会计、财务预算会计，会计目标的内涵也随之发生变化。

2．对会计职能的冲击

新经济时期，会计职能从原来的反映、控制、预测三个方面扩展到反映、控制、预测和监督四个方面，且这四方面相互补充。"反映"是对以往工作的总结，"控制"是保证会计目标得以实现，而"预测"则是基于以往的"预测"。同时，公司的决策水平也很大程度上依赖于对财务信息的反映，不仅是对财务信息的反映，而且对非财务信息的反映也是如此。

3．对会计计量的冲击

会计核算一直以来都是以会计为中心的。传统的会计核算方法是建立在历史成本基础上的。然而，随着金融技术的持续革新，无形资产在新经济时期的企业创造价值的中心地位，对传统的历史成本计量方式造成了很大的影响。随着西方金融市场的变化越来越剧烈，越来越难以预测，表外筹资和衍生金融产品的交易存在着巨大的风险，误导了市场参与者，甚至给投资者和债权人造成了巨大的损失。所以，对于衍生金融工具来说，历史成本属性是不能衡量的。公允价值属性已成为衡量衍生品的最佳选择，甚至是唯一的替代。

4．对财务报告的冲击

新经济环境对会计核算的影响，将最终体现在财务报表中。传统的会计核算方法因其认定标准、测量难度等原因，未能将许多对决策者有用的信息排除在外，例如，对自创的无形资产基本不进行确认、计量，导致了财务报表信息的不完全。在新经济时期，财务报表必须顺应"快"的发展趋势，对传统的信息处理、报表方式进行变革，并运用现代计算机技术、通信网络技术，提高会计信息系统的灵敏、准确、及时。

（二）新经济时代财务会计人员提高工作水平质量的措施

1．树立终身学习的意识，坚持与时俱进

传统的会计体系在很大程度上制约着财务人员的积极性，给财务人员留下了很大的选择和判断空间。而在很多企业中，在挑选财务人员时，往往会倾向于挑选那些有工作经历的员工。会计从业人员更多地关注已有的金融业务知识，更多地关注于财务处理技能的积累。新经济时期，财务主体、信息处理手段都发生了巨大的改变，使财务人员仅仅掌握金融知识已不能适应现代企业的发展。同时，还要有一定的计算机、国际贸易、互联网经济等相关知识。现代企业经营规模的不断扩大，出现了许多新的经济组织，这就要求财务人员要有终身学习的观念，要不断地接受新的理论和技术，不断地学习和培养新的金融理论和技术，使之与时俱进，以适应当今社会的发展。

2．要有创新意识，发挥主动性和创造性

在新经济时代，随着互联网经济的发展，会计工作已经向生产、经营、管理的各个层面渗透，对经济形势的分析、资源的有效控制、决策、防范经营风险、预测经济发展等方面的作用越来越显著。会计人员要抛弃"只做账、做管理"的思维方式，不能按照管理层的要求被动地提供财务资料，要有创新意识，发挥主观能动性和创造性，利用自己熟悉的专业知识的优势，从专业的角度为企业经营管理提供有效信息。

3．要重视对新经济形势下会计理论的探讨

面对新经济背景下的企业会计环境的改变，如对会计假设产生的影响，财会工作者要加强理论研究，同时要重视国内外学者对新经济的影响，尤其是要在中国的现实基础上，充分发挥其作用。财会人员必须具备丰富的财会理论知识，才能在实际工作中进行创造性的创新和灵活的应用。

4．要培养自己敏锐的洞察能力，发现与解决会计实践中出现的新问题

在互联网时代，会计人员的需求不再是信息的获取，而是信息的整理、分析和快速的响应。随着我国经济的不断发展，会计人员的作用也日益扩大。除传统的会计核算之外，还涉及经营成本控制、营运资本管理、风险控制与核算、战略投资规划、财务报表分析预测等。这就需要会计从业人员具有良好的分析、判断、选择、决策的能力。为了提高自己的洞察力，财务人员必须加强学习，注重理论修养，吸收新的知识，熟悉新的形势，确保自己在理论和实际操作上都有扎实的理论和技能。

在新的经济时代来临之际，会计工作者必须主动面对新的挑战，及时研究和解决这些问题，促进会计改革和发展，以适应新的经济形势，促进企业的可持续发展。作为一个会计从业人员，不仅要牢固地掌握自己的专业知识和技能，还要树立终身学习的观念，不断地去发掘新的知识，并在计算机操作、法律、国际贸

易等方面具有一定的技能，才能更好地适应新的发展需要。

第二节　网络时代财会工作的实践研究

一、网络时代财会工作的新动向

（一）网络会计产生的历史背景

1. 网络会计是网络经济发展的必然产物

互联网不仅是一个信息传递的媒介，更是一个新的生产和运营的空间，它将改变传统的经营和交易方式。首先，互联网为企业的生产和运营创造了新的空间。在互联网时代，企业可以通过互联网来扩大自己的生产和运营空间，最大限度地了解客户的需要，在最大的范围内选出最好的供应商，通过在客户、企业、供应商之间的信息流动，降低中间的环节，以最快的速度和最小的成本，在竞争中获得优势。其次，互联网的崛起也推动了没有经营场所、没有实体、没有具体办公场所的虚拟公司。虚拟企业极大地改变了传统的商业模式，并对传统的商业模式产生了深远的影响。

2. 网络会计也是财务会计发展的必然产物

互联网的出现，极大地改变了社会的经济资讯体系。首先，会计资料的载体从纸质到磁性、光电等，这种排列方式使数据的记录、存储、传递由"机械形式"向"电磁形式"的转换，为数据的分类、重组、再分类、再重组提供了无穷的空间。其次，从算盘、草稿纸到计算机的快速计算，实现了计算机的远程操作。在"算盘""草稿纸"的年代，会计工作者的工作重心大多集中在分类、分配、汇总等简单工作上。互联网的出现，使数据处理速度大大加快，数据处理、协作和数据共享等都得到了极大的改善。它使会计工作者摆脱了传统的日常业务，对财务信息进行深度处理，把更多的精力放在对会计信息的分析上，从而为企业的经营决策提供高效、优质的信息支撑。最后，会计信息的输入与输出方式从"慢、单向"向"高速、双向"的转变：网络的兴起，使传统的单向、慢速的会计信息的输入、输出模式成为高速、双向的，而且能够满足在线的业务需求，能够直接进行实时的数据输入和输出。

（二）网络会计的特点

一是网上会计的出现，为现代企业的生产和管理提供了新的场所和机会。在网络经济时代，企业可以通过互联网来扩大自己的生产和运营空间，最大限度地了解客户的需要，从众多供应商中选出最好的供应商，打通客户、企业与供应商的信息流动，降低中间环节，以最快的速度和最小的成本，抓住机会，不断提升和巩固企业的优势。二是网上核算对企业交易模式的变革。互联网经济的发展也推动了没有经营场所、没有实体、没有具体办公场所的虚拟公司。这些公司只需在互联网的某个节点上租赁一块地方，然后通过验证，就可以在线接收订单，找到货源，进行交易。虚拟企业极大地改变了传统的商业模式，并对传统的商业模式产生了深远的影响。

在互联网经济的今天，网络和电脑都发生了很大的变革，网络对会计环境的影响也越来越明显。在广域化的背景下，一方面，互联网可以让公司在全球范围内进行信息交换和分享；另一方面，将企业的内网技术运用到企业管理中，则使企业走出封闭的局域系统，实现企业内部信息对外实时开放，同时使企业内部包括财务部门在内的所有部门实现了资源的最优配置。

（三）网络会计面临的问题与对策

1. 网络会计面临的问题

（1）网络中信息的可信度。在互联网时代，会计信息失真仍然是一个危险因素。尽管无纸传输可以有效地防止由于人为因素造成的信息失真，但也无法杜绝任意更改电子凭证、账册而不留下任何痕迹的现象，传统会计中依靠签章来保证凭证效力和财务责任的方法已经不复存在。

（2）计算机系统安全。主要内容包括安全方面的硬件。由于网上的会计工作大多依赖于计算机的自动化数据处理，而且由于其高度集中，任何自然或人为的错误和干扰都可能导致严重的结果。互联网既能让商家们找到潜在的贸易伙伴，又能完成网上交易，但也会让自己处于危险之中。其中最大的风险是由未获授权的人泄露，以及由黑客发起的恶意攻击造成的。

（3）对软件要求较高。互联网上的相互访问，加深了公司之间的相互理解，并通过对其他公司的会计信息进行及时、高效的对比分析，从而为公司提供具有决策价值的信息，从而进一步实现会计核算向财务管理、决策层面的转变。同时，由于电子商务的不断发展，企业的规模不断扩大，会计信息的处理能力也越来越强。因此，在企业信息化建设过程中，如何实现多个企业相互访问，是企业信息化建设的必然趋势。

2. 发展网络会计的对策

（1）加速法律进程。我国应该制订和执行有关计算机安全和数据保护的法规，以增强对信息系统的宏观调控。1984年、1990年，英国政府先后出台了《计算机滥用法》《数据保护法》等法律法规，为我国计算机信息系统的发展创造了有利的社会条件。

（2）管理和技术。为了避免电磁辐射和干扰，必须在重要的电脑设备上设置EMC。建立计算机机房的管理制度，采取相应的安全防范措施，并对其进行保管和管理，以避免信息的遗失和泄漏。

（3）关于网络的安全性。①完善内部控制制度，在操作系统中设置资料保护机制，使用电脑保密档案时，要登录用户名、日期、使用方法及使用结果，以备查阅。同时，该系统还能自动识别出一个有效的终端，一旦发现有非法用户试图登录或者密码超过了上限，就会被系统锁住，冻结该用户的身份信息，并将相关信息记录下来，并及时报警。②加强网络安全防护。可以采用防火墙技术防止病毒和非法入侵者进入内网。在会计信息系统中，可以使用数据加密技术来避免在传递过程中泄露会计信息。

（4）关于软件的开发。①增强会计软件的实用性和普适性。可以二次开发购买的商用软件，利用界面与系统整合的方法，解决二次开发与商品化软件无法共用的问题。②要把会计软件的经营环境提高到更高的水平。在Windows环境下，可以采用VF、PB等数据库语言来增强对互联网的适应性。

（5）会计系统的电子化。①实行电算化的会计工作责任制；实行岗位责任制，确保会计电算化工作的顺利进行，对会计人员的管理要真正体现"责、权、利"的理念，明确各部门的职责和权限，并将其与利益相结合，做到事事有人管、人人有责。②做好公司的日常运营。公司的经营管理主要是电脑系统的使用和电脑的运行。③做好财务档案的管理工作。电算化会计档案要做好防磁、防火、防潮、防灰尘的工作，要备份。

（四）我国网络会计的发展趋势

多样化、智能化是网络化的必然趋势。首先，网络会计系统可以把所有的信息收集到网上，把大量的数据从企业的各个管理子系统中收集起来，然后通过一个公用的界面，把大部分的业务信息进行实时的转换，形成一个统一的账务信息；但是，网上会计系统可以被看作一个将网络、电脑、个人资料、程序等有机地结合起来的一种应用系统，它不但具有核算的功能，还具备了更多的控制和管理功能，这就要求企业要与人互动，特别是要有管理者的参与。因此，在网上会计系统中，不能只模仿人工操作的简单系统，而是要向具有人机互动功能的系统发展。

网络会计应该能够更好地适应企业对财务管理的需要。从简单的记录、反映向分析历史、把握目前与规划未来的有机结合，从而为企业的经营管理提供了科学的基础。为了确保企业的决策目标，必须制订企业的内部生产和运营计划，在实施中要强化控制，在实施过程中要进行核算分析，并对内部计划的实施进行监督，通过分析、思考、总结，发现生产活动中存在的规律，从而为下一阶段的预算提供更可靠的基础。

二、网络时代财务会计的内部控制

财务会计的内部控制，是为了达到总体战略的总体目标，并使之达到特定的经济效益。企业的内部控制是企业管理的重要组成部分。这一部分是在新的互联网环境下，从企业内部控制的角度来探讨企业内部控制的优化问题。

随着社会的发展，各种新的东西层出不穷，给其他传统的东西带来了机会和挑战。财务会计内部控制是一项传统的东西，为了使其更好地发挥作用，必须对其进行一系列的变革。

（一）网络环境下内部会计控制的新问题和新挑战

1. 会计核算范围扩大

互联网时代，企业的财务状况已经发生了巨大的改变。

第一，会计机构的人员构成由原来的财务会计人员、计算机操作员、网络维护人员、网络管理员等人员构成。

第二，不仅实现了基本的会计服务，而且整合了很多与管理和金融有关的功能。

第三，通过互联网进行会计在线办公等业务，实现了对会计信息进行实时的在线处理。

2. 会计信息储存方式和媒介发生变化

电子商务在网上交易中的应用，使信息的准确性、交易和运行轨迹发生了新的改变。以电子符号代替金融数据，以纸张为媒介，向以磁、光为媒介的媒介转变。它们的保藏要求很高，易受高温、磁性物质和剧烈震动等因素的影响，保存的数据容易遗失。

3．企业面临的安全风险加大

电子商务中，电子文件、电子报表、电子合同等不能再采用传统的签名方法，使得原始单据的鉴别面临着新的危险。同时，由于网络环境的开放性、动态性，以及当前的金融监管缺乏与互联网经济相匹配的法律法规和技术支持，导致了计算机的恶意攻击、病毒感染、硬件故障、用户误操作等问题，对企业的安全造成了极大的威胁。

4．内部稽核和审计难度加大

在互联网时代，传统的财务数据签名、印章等的确认方式已经不复存在，网络数据的修改、拦截、窃取、篡改、转移、伪造、删除、隐藏等都可以无声无息地进行，传统的审计控制和组织控制的作用被削弱了，而会计体系的设计则侧重于对会计的需求，忽略了对审计工作的需求，使得审计的信息很少，因此，审计必须采用更加先进的技术。

5．法律法规建设滞后

随着网络会计和电子商务的迅速发展，已经超越了现行的法律制度，由此而产生的证据、合同的履行和可信度等法律纠纷也成为必须引起注意的问题。

6．对会计人员的素质提出了更高的要求

随着计算机技术的日益普及，电脑技术的滥用也是屡见不鲜。因此，在网络财务环境中，除了对财务、网络、网络技术等方面的要求外，还需要对网络财务中常见的故障进行分析，并采取相应的维护措施，提高会计人员的法律意识和职业道德。

（二）网络环境下加强内部会计控制的主要措施

1．根据网络环境的特点，制定新型的内部控制制度

（1）严格的岗位设置，实现有效的责任划分。在网上会计系统中，由于计算机的自动化和效率，很多不兼容的工作被整合到一台电脑上，从而产生了潜在的风险。加强企业内部控制的一种较为行之有效的途径是在网上会计系统中设置系统设计、运行管理、数据录入、数据审核、系统监控、系统维护等方面的工作，这些工作之间相互联系，相互监督，相互制约。

（2）实施严格的网上财务管理体系。系统软件应设定相关人员的姓名、操作权限、相应人员的口令及电子签名。对于需要严格控制的部分，设置"双口令"，并在"双口令"的基础上完成。"双口令"是两个主管权限的人根据自己的要求设定的，不能告诉别人。在完成"双口令"的"并钥"之前，可以进行相关的操

作。同时，严格按照操作权限进行系统软件的安装与修改。

2．加强会计信息系统的安全建设与管理

（1）建立健全网上财务信息安全预警系统：会计主管机关要尽快建立健全财务信息安全预警报告体系，并在全国反病毒与防毒研究中心以及其他大型杀毒公司的强大力量基础上，及时发布网络会计信息安全问题和计算机病毒疫情，从而切实有效地防范网络会计信息安全事件的发生。

（2）充分运用现代网络技术，增强信息安全。针对当前存在的会计动态信息被拦截、非法侵入、盗用、非授权方越权处理等问题，提出了一种有效的防范措施。应用高效的安全密钥技术，实现对客户与服务器间的所有数据的加密：利用防火墙技术实现安全管理：将局域网与公用局域网（如互联网）隔离，保护局域网中的敏感资料免遭盗窃、损毁，同时可对局域网内外的相关状况进行及时的记录：定期进行病毒探测，进行杀毒、护理和动态防御。

（3）增强网上财务信息的安全意识，做好网上财务信息的安全管理。针对当前企业及金融从业人员的安全意识较差、对网络安全工作的重视程度较低、安全措施未落实等问题，开展多层次、多方位的信息网络安全知识教育与培训，加强网络安全措施的检查，切实提高了广大网民的网络安全意识和防范能力。

（4）建立一个由第三方制约的在线公证的安全机制。在网络条件下，原始凭证必须采用数字化的方式进行保存，并充分发挥其独特的实时传送能力，越来越多的互联网业务对原始凭证进行第三方监督（在线认证）。

3．建立新的内部审计监督机制

在互联网经济时代，内部审计机构要对网上会计系统的各个功能部门进行有效的监控、检查，并协调好各个部门之间的关系，以确保网上会计系统的正常运转。针对网上财务会计工作的特点，对内部审计工作进行了改进和创新。

4．提高会计人员的综合素质

（1）在教育方面，要大力发展复合型人才，推进网络建设。我国各级教育机构应根据经济发展的需要，适时地调整办学理念、设置科学、合理的课程，增加高水平的会计人才，并在一定程度上加强对会计人才的培养。

（2）通过多种渠道，加强对会计人才的专业素质的培养。可以通过加强会计人员的在职培训，鼓励会计人员自学，加强会计人员的持续教育，并实施岗位轮替制度，提高会计人员的素质，积累经验，更新知识，提高会计人员的综合素质，积累经验，更新知识，使他们不但具备深厚的会计理论基础和熟练的

会计业务技能，而且能够掌握现代网络技术，熟知商务知识和法律法规，能从容应对知识的快速更新和经济活动的网络化、数字化，适应网络会计核算、管理的要求。

三、网络时代财会工作创新的措施

在当今社会，思想的创新是一切变革与发展的根本。会计改革首先是思想和体制上的变化。要适应互联网时代的特征，构建一套全新的财务核算体系。

（一）网络系统观念

网络系统是未来社会最基本的生存形态，对会计来说，它不仅具有组织意义，而且有着更加深远的基础意义。

1. 在网络系统环境下，应重新审视和认识会计，建立网络系统会计观

就像以大型机械制造为代表的工业革命，把传统的记账方式转变成了现代的记账方式，互联网时代的来临，必然会给会计带来新的变革。而改变的方向和特点，则与网络的特性、未来的发展趋势以及现实生活中的会计冲突有关。

互联网是一种方便快捷的信息交换体系，它可以大大缩短使用者之间的时间、空间的距离，从而使资讯的内容和形式变得更加丰富、更加紧密、更加多元化的信息交换与利用。而且，在网络环境下，信息的交换也是多种多样的、双向的。会计体系应顺应这一需求进行重组，从用户需求的角度出发，及时、灵活地提供多样化的信息。网上商务、网上投资、网上结算、网上报税等网络服务的发展，直接把会计核算和监管的视野拓展到了更广泛的领域，它不仅丰富了会计业务的内容，而且大大丰富了会计业务的形态，使会计业务发生了质变。

2. 网络是一种真实的经济存在

多元化、信息化的网络活动，必然会给人类的生活带来巨大的变化，包括会计环境观念、会计资产的形式、会计资产的构成和会计的各种问题。作为微观管理中的一个关键环节，它具有重大的宏观管理作用，必须将其整合到微观和宏观两方面，形成一个庞大的内部和外部的联系。这就需要我们把会计改革融入整个社会和经济体制改革的大潮中，实现会计观念、会计理论和方法的重构。很明显，这是一个复杂的系统工程，不能仅凭一个会计师事务所的力量来实现，需要积极地吸收各方的力量。

（二）财务报告的变革或修正

财务报表是一种全面反映某一特定时期内的财务状况、经营成果的书面文件。

（1）传统的财务报告制度和项目结构都是根据工业社会经济特征而进行的，已很难适应当今的实际情况。随着公司规模的迅速扩大、业务的复杂化、并购和重组的频繁、资产结构的巨大变动，越来越多的表外项目的可读性和实用价值越来越低。

（2）随着互联网技术的发展，对信息的及时和内容提出了更高的需求。首先，及时更新信息库，以满足在线实时查询和定期报告的双重需求。为实现实时性，需要修改已有的报告架构。因为资产负债表本身就是时间基准，所以可以把现金流量表看成一个具有时间起点的动态会计报表，所以在这一层面上，变化的焦点应该放在损益表上。

（3）目前的财务报表没有披露衍生品。在互联网时代，以金融产品为主要的交易对象，具有很高的风险。所以，会计资讯使用者必须了解这些资讯，才能合理预测未来的风险及未来的现金流，并做出适当的决定。

（4）在互联网时代，知识、信息这一崭新的资本形式已成为经济发展的关键要素，其存在与经济效益日益受到知识与技术革新的影响，知识资产、人力资产将成为公司资产中的重要组成部分，但目前的会计报表并未充分体现这一点。在互联网时代，可以通过电子交易、统计处理、随机查询等手段，实现对不同层级的用户的多种需求。在财务报告中，将智力资本和人力资本列为主要的资产。强调的焦点应该从关注"创造未来的现金流"到关注"知识资本的数量和价值"。另外，企业的财务报表必须能够反映企业的非货币性，如员工素质、企业组织结构等。

（三）企业理财思想及模式创新

在企业进行资源整合时，可以采取多种方式进行高效的选择。

1. 企业理财的基本分析原理

在企业整合资源的时候，一般有两种选择，一种是扩大公司的资产规模，不是并购，就是缩小公司的资产，让公司的资产从原来的公司中剥离出来。20 世纪90 年代初期，世界各国普遍采用多元化的发展思路，分散经营的投资风险较大，要想占据更大的市场，必须做到东方不亮西方亮。但是，很多公司的高管都没有自己的专业知识，盲目地扩张会让他们失去原本的优势，从而影响到公司的整体运营。许多公司都舍弃了与本行业关系不密切、与公司长远发展目标不符的特定目标，借由缩小产业占线、重点产品及相关产品集中投入，从而提高公司的竞争能力。

企业的经营效率是指，在某种负面协同效应的指导下，通过对企业的具体分析，可以避免盲目扩张带来的不利影响，通过子公司和母公司的重组，让子公司和母公司拥有同等的优势，从而将重点放在自己的产品上，从而提高公司的利润。

上市公司的股份是投资者的一种选择，当公司被分割后，公司就会有两种选择的机会，而当公司对两家公司进行债务重组时，公司与公司之间没有任何连带责任，从而减少了投资的风险，从而提升了投资的价值。差异性投资增加了投资种类，差异化后的两家公司具有不同的金融政策和投资机会，可以在吸引不同偏好的投资者的情况下，得到更多的投资机会。

在企业拆分时，公司将降低其资产担保，而随着债务风险的增加，其经济价值也随之降低，从而使公司的股东蒙受损失。在实际的经济活动中，许多公司的债权人为了保护自己的利益，往往会签订与股利分配相关的资产处置协议。

在经济的高速发展中，小型、灵活、专业技能的企业，其发展潜力和市场竞争力都要高于大型企业。寻找一种有效的经济发展方式，可以帮助预测公司的未来。

现在越来越多的创业者认为，将会有更多的企业进行分拆，这样的分拆将会给企业带来更大的好处，从而使企业的分拆得到更多人的支持，其应用前景也更加广阔。

整体上市公司，在最初的时候，能够募集到很多让人眼红的资本，但是，如果整体上市，就会影响到公司的发展，导致很多公司陷入了资产过剩、员工众多的困境，从而加重了公司的负担，例如，资产大、净资产少、负债率高、净资产收益率低、管理水平落后等。

一些中小上市公司，在重组的同时，也可以根据自身的情况，调整自己的行业结构，制定出适合自己的发展方向、产业结构、经营结构等，最终提高上市企业的整体运营能力。对于那些规模比较大的上市公司来说，扩大优质资产可以提高其综合竞争力，如果原来的公司经济情况紧张，就让子公司去筹集资金，筹集更多的项目，如果公司的利润不高，就可以通过单独的上市来筹集资金，改善并促进公司的运营，最终达到企业的资产存量，子企业与母企业的协同发展，是企业发展的理想状态。

已有较好项目的上市公司，为了维持公司的持续发展和大量的资本投资，其净资产比率也会使公司失去配股的资格。在公司资本规模达到一定程度后，公司要通过基础筹资和股本扩充的能力来突破极限，这样就可以腾出更多的资金来进行拆分。

在进行拆分时，首先要将子公司剥离，其次进行子公司的上市，通过这种方式，可以有效地实现利润的分配，等到时机成熟的时候，就可以将子公司剥离。

2．企业拆分的好处

（1）公司的拆分有利于提高公司的股价。市场并不能准确地反映出一个公司的市值，特别是对于一个多元化的公司来说，它所涵盖的行业更广泛，它的潜在投资者无法获得股票的市值，因此，一个独立的子公司，通过一个客观的评价，可以给一个公司带来新的价值。

（2）分拆能够补偿并购战略上的错误，从而使其成为并购战略的一部分。在世界范围内的并购浪潮中，并购的成功例子不计其数，在快速扩大规模的同时，也可以把竞争对手转化为战略联盟，但是，如果收购不当，也会带来灾难。尽管大多数公司在收购其他公司后都能获得利润，但在进行并购时，往往不能保证并购是否能产生经济利益。但是，尽管有很多公司采取了并购战略，却未能实现经济的快速发展。

（3）公司的拆分使得公司的经营和股东的利益更加密切。对公司进行管理激励，使其与公司的利益紧密结合，从而使其获得最大的收益。在一个多元化的公司里，基于公司整体价值的股票或者选择权的奖励，其实并没有直接影响到分公司经理的决定。经理层的弱化是大部分公司面临的一个普遍问题，部门经理和公司的核心经理之间的信息不对称性很强，最终造成了公司的经营偏好和内部资源配置的低下。

但如果将子公司从原来的公司中分离出去，那么它就能有效地利用资源的分配和分解，从而达到对市场的全面监控和管理。

（4）企业剥离是企业摆脱管制和管理创新的主要途径。作为一种在政府和市场之间进行生存和竞争的组织，国家对公司的控制贯穿于整个生产过程，而公司的利益最大化必然要求政府及时进行监督，而企业的创新则是政府放松监管的一种有效的方式。

（5）拆分是一种很好的投资方式。上市公司往往掌握着市场上的稀缺资源，这就导致了许多中小企业推出了自己的核心业务，许多企业的增值能力也只是在平时的时候被压低，因为上市公司在自身的配置中拥有一定的灵活性，所以才能抢占先机。

在企业上市后，政府会对市场进行适当的监督，让企业摆脱低端的盈利模式，让那些大公司能够在市场上生存下去，从而提升自己的经营效率，提升自己的创新能力。

（四）产权模式创新

在信息越来越普及的互联网时代，会计信息是否具有商品属性，关键在于是否能够对其进行有效的界定。在拥有了清晰的私人财产权的情况下，许多外部经济行为都能在合理的合同安排下实现最好的效益，无论这些私人财产属于谁并进行了怎样的分配。所以，要使会计信息变为商品，必须明确财产权，也就是会计信息最终归属于何人。会计信息的实质是一种属于公司的经济资源，其产生的主体也是公司，而公司则属于股东。所以，会计信息的自然所有权人应当是公司的股东。所以，如果把股东视为公司的所有权人，那么，就会产生以下几点变化：①尽管会计资料很稀少，但是它总是以公共物品的方式提供。如果将会计信息的所有权授予股东，那么，所有权人就可以将其作为私有物品提供给股东。②作为企业的资源拥有者，股东可以在非经营者范围内选择提供财务信息的代理人。③除了现有的会计资讯产品以外，消费者对非标准会计资讯产品的需要，会促使财产权人增加其供应量，而会计资讯的供求可以在市场上进行。

产权清晰的会计信息只是其市场化的关键，能否开启市场，关键在于它的定价是否合理。所以，现在的问题是，会计信息的产权界定成本是否足够低。也许在 20 世纪 90 年代之前，这个问题的回答依然是"不"，但是自从互联网进入我们的生活之后。持续的技术创新为会计信息产权定义提供了空前的技术支撑。媒介的互联网革命，使财务资讯不但可以在报纸上刊登，而且可以透过网络进行沟通，建立自己的网站。会计信息可以被当作一种商品卖给互联网传媒公司，而非向目前的上市公司支付其财务资料。

（五）会计信息产生模式和传播模式的创新

传统的会计信息生产与传播模式具有以下特征：①企业自身承担了会计信息的生产功能；②公司自己掏腰包，在证券报刊上发布、散布财务资料。问题是计量信息的制造功能是否可以由市场来实现？当其他市场主体（如报业、数据公司）通过会计信息获取利润时，它的所有人，即股东是否也能从中获利？解决这两个问题的关键在于对传统的会计信息生产方式与传播方式进行市场化改革。

1. 成立专门的会计服务公司，以改变传统的会计信息生产方式

传统的会计信息生产模式具有以下特征：人工作业，这就造成了人力资源的低效制约了会计信息的提供；公司的内部功能不以市场为导向，这就造成了以下几个方面的问题：①缺乏有效的市场机制来提高信息的供应；②信息容易被内部人操控。虽然在互联网技术革命之前，它的作用并没有受到影响。这主要是由于以下两个理由：①主要采用人工会计信息核算方式；②计算机未普及，会计信息化未能实现普适性。随着互联网技术的发展，企业间的交易数据可以在不同的地方进行，而实时传输的费用也不会太高。从手工劳动到机械化，从作坊到大生产，再到大的规模效益。

2. 企业与会计服务公司签约

合同的主要内容是由会计服务公司代替公司履行会计信息的生产功能，由公司支付给会计服务公司费用，公司有责任将全部有关的资料如实地提供给会计机构（在合同中存在例外情况时，这一例外情况将连同后续的会计资料一起披露）。公司把会计资料的所有权卖给会计服务公司，而会计服务公司则按此支付给会计服务公司。

3. 会计服务公司与媒体公司签约

会计服务公司以协议方式向中介公司提供有偿的会计信息，并对其进行审计。

4. 任何会计信息的消费者必须付费使用会计信息

在线支付系统（如在线银行）的发展和成熟，使支付费用降低，所有的用户都需要支付会计信息。

第三节　现阶段财会工作的实践研究

一、财务会计的发展趋势

（一）财务会计发展的历史必然性

作为现代企业的基础工作，财务会计的诞生具有时代的必然性。随着全球经济的飞速发展，财务会计也逐渐走进了人们的视线，并展现出其独特的活力与魅力。其优势也日益凸显。财务会计是一种以企业为基础，面向市场的工作，为企业的外部利益主体提供各种有用的信息，帮助他们做出经济决定。财务会计主要是为了增加企业的经济效益，使其能够主动地参与到企业的经营决策中去。

企业要赢得投资者的信赖，就需要将自己独特的信息传达给资本市场，即企业的优势、异质性和区别。这时，作为一种人工的制度，它可以向外部利益主体提供关于信托义务的执行情况，并对其进行全面的经济决策。

随着世界经济一体化的发展，我国的经济发展模式正在发生着巨大的变革，知识经济正在逐步取代传统的经济增长模式，而知识经济的发展速度也在不断地改变。随着我国经济发展方式的变化，我国的现代财务会计理论也随之发生了变化，从会计理论、会计准则等方面进行了大量的改革，使得财务会计理论更加符合新的经济发展趋势，并成为新的经济发展的主要工具和推动力。因此，必须结合现代财务会计的具体变化，认真地分析其发展趋势，以确保其现实意义。

（二）现代财务会计理论的主要内容

1. 会计目标

会计目标的内容包括提供会计信息的原因、提供会计信息的对象、提供的会计信息类型等。会计目的成为现代财务会计理论发展的一个重要基础，也是一个起点。

2. 会计基本前提

当前会计基础条件的内涵和类型正在逐步转变，向着更加适应经济增长方式的方向转变，以实效性作为会计基本前提转变的重要原则和发展方向。

3. 会计要素

当前的会计要素包括两类：财务条件因素和运营结果因素。在新的环境中，必须把会计要素的认识与现实情况相联系。

（三）现代财务会计理论的变化

现代财务会计理论由于经济发展模式的变迁而产生了积极的变革，其主要体现在：

1. 在持续经营概念的理解上发生了变化

在财务会计理论中，持续经营的概念主要是指对企业的运营时间有一个比较准确的理解，而财务会计理论的构建则是基于公司的可持续发展。然而，由于知识经济的发展模式，使得公司的生命周期不断缩短，企业的运营时间也随之产生了很大的不确定性，对持续经营理念的认识也发生了一些改变。在此背景下，现代财务会计学也将对持续经营理念有新的认识。

2．在会计分期的概念上发生了变化

会计分期的概念是指企业能够及时地运用财务信息，并根据其所提供的信息做出及时的决定。然而，由于知识经济的发展，会计信息的获取途径不断增多，大量的会计信息通过互联网在网上进行共享，会计分期的观念发生了根本性的改变。因此，必须充分关注会计分期观念的转变。

3．在货币计量的概念上发生了变化

在传统的金融会计理论中，货币的价值观念是以货币的价值不变为前提的，然而，随着知识经济的发展，货币的价值不断地改变，货币的价值成为主流，而货币的计量观念也随之改变，仅仅依靠原有的货币价值不变的计量方法，已经不能满足这种需求。基于当前知识经济的发展，货币测量的概念正在逐渐转变。

（四）现代财务会计理论的未来发展趋势

从以上的分析可以看出，由于知识经济的冲击，现代财务会计理论在发展过程中产生了重大的变革，其中的某些原则和观念也发生了一定的改变。从当前的角度来看，现代财务会计的发展方向是：

1．会计基本假设得到了持续的创新

在知识经济的冲击下，传统的会计基本假定面临着严峻的考验，为确保会计基础假定能起到积极的作用，必须不断地在基本假设上进行创新。通过对会计阶段的认识，我们发现，在会计阶段假设下，交易周期将发生改变，并将其转换为报表的报告期。

2．会计人员知识结构的多元化成了新的发展方向

会计基础假定要不断地进行创新，就必须不断地提升会计人才的素质，才能适应会计理论知识的发展。当前，随着知识经济的发展，财务会计的理论也在不断地改变着。这就要求提升会计人才的知识结构和职业素养，从而实现会计人才的知识结构多样化。

3．网络会计将会成为重要的会计发展方式

知识经济不仅改变了会计的基本假设，改变了会计人员的知识结构，也改变了会计工作的模式。随着计算机网络技术的飞速发展，网络会计必将成为一种新的会计发展模式，它不仅将改变传统的会计工作模式，而且对会计工作的规范、工作过程产生重大的影响，从而使会计工作朝着网络化、高效化的方向发展。

（五）未来财务会计发展的趋势

所谓的会计，就是利用电脑进行会计核算，以整个业务流程为中心，对财务数据进行处理，同时可以将原始数据准确地输入到会计报告中，使数据具有可追溯性。计算机系统在进行账务处理时，无须人为干预，本身就是一种集中、自动化的过程，既可以提高会计信息的工作效率，又可以提高会计信息的准确度。而且随着电子商务的出现，公司和公司之间的往来也变得更加便利，不再需要耗费大量的人力去处理，而是可以用电子货币来显示公司的账目。

2．会计信息向开放化发展

每个部门的财务状况的披露，我们统称为财务信任。随着网络会计信息系统的建成，企业所有的经济活动都能被整合到信息网中，并为企业与外部的信息联系提供了便利。同时，也便于企业内部人员查阅，从而拓展了会计信息的存储空间，增强了数据的开放性，使得会计数据的处理具有一体化的趋势。

3．会计人员向高智能化发展

会计主要负责公司的财务管理，包括对公司的财务进行核算，确定公司的资金流向，对公司的财务状况进行分析、监控，最重要的是要确保财务的真实性和准确性。从会计工作的主要功能来看，企业对会计人员的要求非常高，既要能严格遵守相关的法律、法规，懂得公司的生产工艺，具备一定的技术和创新意识。从目前的社会发展状况来看，任何一个公司都需要这样高智能的人才。

4．会计服务向真诚化发展

会计服务机构是保证会计信息质量的重要载体，也是投资者合法的保护手段。诚实守信是会计工作的基本生存原则，这对会计人员的工作也有很大的影响，因此，会计人员在开展会计工作中要加强诚信建设，营造公平的氛围，增强信息披露，提高服务意识。

5．会计管理向多元化发展

会计网络信息系统的最根本作用是对企业的资金进行科学的核算、分析、管理和控制。会计信息多元化具有高度数字化、多元化、实时化三大特征。这三个维度既是独立的，也是相互关联的。

二、财会工作的创新性发展路径

会计工作是一项综合、系统、全面的工作，要适应市场经济的发展，就必须进行会计工作的改革。

（一）树立财会工作的新观念

1. 认真提高会计工作质量，加强科学管理

会计工作是一项严谨而又精细的工作，会计资料要经过会计凭证、账簿、报表等一系列的方法和程序，对会计资料进行记录、计算、分类、汇总、分析、核对等工作。科学地组织会计工作，按照事先设定的程序和流程来进行，既能预防错误，又能提高会计工作的效率，并能增强会计人员的科学性。

2. 提高会计工作者的创新意识

作为企业经济管理中的一项重要内容，会计工作与其他经济管理工作紧密相连，具有一定的独立性。在推动其他经济管理工作的同时，也要求其他的经济管理工作相互协调。只有如此，才能使会计工作更好地发挥其应有的作用，进而增强其创新意识。

3. 提高会计工作者的协调能力，和谐管理意识

在企业内部实行经济责任制，与会计工作是分不开的。科学地进行财务管理，能促进企业内部和相关部门的资金运用，促进企业内部和相关部门之间的关系，促进单位经济运行。

（二）必须具有服务的创新精神

1. 要有任劳任怨地为群众服务的精神

对会计人员而言，他们所受到的指责远多于他们获得的鲜花和掌声。事实上，这并不能掩盖事实，数以百万计的会计师都是靠着勤奋和诚实来维持自己的职业尊严的，而且他们当中也不乏优秀的。会计是一项为人民服务的工作，它有一些不为人民所了解的东西。做一个会计员，要胸怀宽广，任劳任怨，一心一意为人民服务。

2. 要有爱岗敬业的服务精神

会计人员要转变思想，树立正确的职业态度。服务是看不见的，但也是有感情的。要充分发挥会计的职能，改变会计人员的观念，在核算和监督的同时，做好服务。只有充分发挥服务职能，才能使会计工作从"事后审核"向"事前""服务"转变。同时，要使会计工作者认真地履行自己的职责，为公司的生存与发展而奋斗。

3. 提高会计工作者的个人业务素质，加强自身学习

加强会计人才培养，全面提升会计人才的综合素质。提高财会服务意识，重点在于日常教育。单位领导和财会主管应当定期组织财会干部进行培训，以提升其自身素质。只有全面提升了会计从业人员的综合素质，才能端正工作态度，强化服务意识，为企业着想，为员工着想，认真履行自己的职责，加强会计基础工作，实现规范化管理，提高会计工作质量。强化培训，提升财会人员的专业能力。会计工作能力的发挥取决于会计从业人员的专业能力。会计从业人员的专业素质越高，其服务质量越好。很多单位的会计工作质量不高，并不是因为他们的主观能动性不够，而是因为他们的业务水平不高，无法为单位和领导提供优质的会计服务。为此，应重视对会计从业人员职业素质的培养，强化对会计专业知识的培养，以提升整个会计队伍的综合素质。同时，会计人员也要有紧迫感、压力感，要清楚自己的工作目的，发现自己的缺点，并以一定的学习方式来提升自己的专业素养，主动为客户服务，在服务的过程中不断磨炼和提升自己。

（三）财会工作是单位企业的好帮手

1. 认真贯彻执行会计法

《会计法》作为社会主义市场经济制度的一项重要法律制度，是规范会计行为的根本法规，它对加强经济管理、提高经济效益、维护社会主义市场经济、保护社会公众利益等方面具有重大的法律意义。我们要继续深入贯彻《会计法》，求真务实、奋发进取、扎实工作，努力开拓新局面，为社会主义市场经济、全面建成小康社会、构建和谐社会做出新的更大贡献。

2. 会计工作者是节约型社会的执行者

加快建设节俭型社会，是我国全面建成小康社会的重要保证。在全面建成小康社会的过程中，我们的经济规模将会继续扩大，工业化的步伐也会加快，消费结构也会随之发生变化。随着城市化进程的加速，对资源的需求不断增长，资源的供求关系和环境问题将日益严峻，而解决这一问题的关键是要节省人力、物力。加快节约型社会的建设，不仅是我国目前经济持续稳定、快速发展的必然要求，更是实现全面建成小康社会的重要保证。要实现节约型单位，会计人员要身先士卒，做节约型的模范，为单位节省一度电、一滴水，做出自己的贡献。

3. 会计工作者是决策信息的提供者，是领导的参谋者

一个单位的兴衰与会计工作息息相关，特别是在当今市场经济日新月异的时代，会计数据的"演变"直接影响到一个单位的未来。一位新的领导者做出新的决定是由会计信息的改变和更新而决定的。因此，会计既是信息的提供者，也是组织的决策人员，更是经济组织中的"内当家"。

（四）信息时代下财务会计工作创新的途径

1. 信息时代下加强财务会计工作创新管理的必要性

（1）推进信息化条件下的财务会计工作。在信息化的今天，企业财务会计工作的创新意识日益突出，为保证公司的财务安全提供了有力的保证。随着科技的发展，人们的思想观念发生了变化，无形资产在企业中占有越来越重要的地位，在公司的整体价值中扮演着举足轻重的角色。在对自己的无形资产进行会计核算时，与传统的会计工作相比，它的处理方法有了很大的改变。在信息时代，把无形资产纳入财务报表，是目前我国企业为了适应信息化时代财务工作的变化所采取的一种行之有效的方法。

（2）满足我国财务会计工作功能规范化、国有化的需要。在经济全球化和经济一体化的今天，我国的财务管理体制和制度应该逐步完善，与世界接轨，这就要求财务人员在工作方式和工作内容上进行创新。同时，作为财务会计人员，必须根据财务工作的现实状况，掌握财务会计的体系和企业的信誉。

认真做好会计工作，是国家贯彻党的方针政策、法令、制度，维护财政纪律，维护国家经济秩序的重要保证。做好会计工作是建设创新型社会的必然要求，会计人员要顺应市场经济的发展，不断提升自己的专业知识和服务意识。

2. 信息时代下财务会计工作的不足

（1）缺乏足够的关注。许多会计工作人员的思想认识还不够成熟，不注重财务工作，不注重提高财务管理的重要性，不注重提高财务管理的质量，不能及时地贯彻执行。电脑是现代金融体系中最主要的一种手段，掌握基本的计算机知识有助于提高财务工作的效率。

（2）财务资料不真实。当前，我国财政工作中存在着大量的缺乏有效的会计制度，财务人员一般都不稳定，流动性很大，而且很多公司对财务人员的工作范围都很模糊，这就给工作人员带来了巨大的压力，同时也给财务人员造成了很大的压力。

（3）缺乏有效的管理体系。许多企业并未形成一套严密的财政体系，即便有相关的财政体制，能否真正落实还是个未知数。同时，由于基层财政工作人员缺乏责任感，对财务管理工作的重要性缺乏系统性和深刻的理解，导致其在经营活动中的作用逐渐丧失。

3. 财务会计在信息化时代中的管理创新途径

（1）增强观念。企业财务人员要正确认识金融创新的重要性，并根据新的市场情况，对财务工作提出了更高的要求。同时，公司的领导层要加强系统的建设与管理，并针对自身的特殊需要，制订战略。为了有效地增强财会人员的思想意识，可以通过组织职工的培训、邀请专家到公司开讲座，或者安排公司的会计人员到外面去接受培训。同时，公司还应当定期开展对职工的职业技能评估，对表现突出的财务人员进行奖惩，使其充分认识到财务工作的重要性。

（2）提高会计信息的质量。财务管理要适应新的发展趋势，实行信息化管理，不断提高会计工作的实效性，保证会计信息的准确性和可靠性。企业财务人员必须严格遵守公司的财务制度，遵守公司的职业道德准则，做到不损害公司利益。同时，准确的财务信息还可以为企业的领导者做出准确的决策，这与信息化时代的具体需求相适应。在信息化的背景下，企业的领导者和财务管理者应该更加关注新技术在财务工作中的运用，从而建立起更加先进、更加全面的财务管理体系，加强数据的完整性，保证财务信息的真实性和有效性。

（3）加强财政和会计的法治建设。随着信息化时代的到来，财政工作的需求发生了很大的变化，政府部门要与时俱进，健全和完善相应的财务管理体系，为财政工作的顺利进行打下了坚实的基础。有关部门要制订有关的法律、法规，明确财务会计人员的职责和职权，并严格按照有关规定和制度，认真履行职责，把各项财务、会计工作做好。

（4）加强对公司的内部监督。在信息化时代的背景下，企业要想保证资本的安全性，就必须进行创新和强化内部控制。企业可以通过建立和健全内部金融活动的监控机制，在任何时候都能根据市场情况不断地改进公司的监管体系。在企业内部监控机制方面，它包括对企业资金的流动进行监控，以及各个资金的具体用途，以保证公司的财务信息的可靠性和对公司的利益的保护。通过建立健全内部控制体系，可以很好地防止财务人员滥用职权和其他不法行为，防止公司的财产被侵占。此外，在制订具体的监管制度时，要明确财务人员的责任，实现谁违规谁负责的制度实施，并有针对性地明确责任和职权，建立起一套行之有效的公司内部监督体系。

第八章 财务管理信息化的实践应用研究

第一节 财务管理信息化概论

一、财务管理信息化的概念

现代信息技术的不断发展推动了不同行业、职业的信息化发展，财务管理信息化也是现代信息技术发展的成果。财务管理信息化不同于以往财务管理中的计算机应用，也不是简单地通过计算机进行财务管理的辅助决策，而是一套完整的财务管理信息化概念的运用以及应用架构建立的过程。

财务管理信息化是在企业管理环境及信息技术基础上，对企业业务流程和财务管理方式进行整合与改进，以形成科学、高效的信息化财务决策和控制过程，以实现企业价值最大化为最终目标。

二、财务管理信息化的特点

相比于其他信息化过程，财务管理信息化具有以下三个特征。

（一）弹性边界

财务管理工作存在于企业经营管理活动的各个环节，财务决策和控制贯穿于企业基本业务流程的始终，财务管理信息化也必然要渗透在企业管理活动的各个环节中。财务管理信息化随着企业信息化推进扩展到整个企业甚至是产业链中，其边界将变得模糊化。特别是新兴信息技术逐步应用到财务管理信息化中，使财务管理活动与企业其他管理活动逐渐融合，成为一个不断优化整合的过程。

（二）自适应性

决策是财务管理的核心内容。财务决策的环境不是一成不变的，而是充满未知和变化的，参与决策的各种信息和数据的来源极其广泛，这也使得财务决策无法通过统一的流程与模式实现。可以说,财务管理信息化成功与否的关键就在于是否能实现满足客户需求的财务决策。一个理想的财务管理信息化系统并不是一个僵化、简单的操作系统,而是一个能够提供决策和管理的信息化平台。要真正实现财务管理信息化,必须能够结合企业管理环境及管理水平给用户构建一个实现系统自适应性的信息化平台。

(三)决策与控制相集成

财务管理信息化是集信息处理与企业控制于一体的过程,并不是传统的用于数据采集、加工、输出等开环控制过程的信息系统,这也是财务管理信息化与传统的信息系统的本质区别之一。财务管理信息化不同于其他信息系统,它是一个闭环的控制过程,并非单纯地提供参与决策的各种信息,而是将决策结果尽可能转化为控制过程,并确保控制的有效实施。

三、财务管理信息化的作用

在符合企业整体战略的前提下,财务信息化能够提高企业财务决策水平,从而提高企业的抗风险能力。财务管理信息化能够扩大企业财务控制范围,减少控制层级,强化控制过程。财务管理信息化能够提高企业的应变能力,将企业的宏观战略具体化为管理策略并进行有效实施,提高财务管理的效率进而提高企业风险控制能力和风险防范能力,实现企业价值的增长。

第二节　企业级财务管理信息化应用

企业级财务管理信息化应用是指在企业范围内构建财务管理信息化系统,决策信息面向企业管理层。根据财务管理信息化在企业应用阶段的不同,还可划分为局部财务管理信息化应用与整体财务管理信息化应用两种。

一、局部财务管理信息化应用

企业在应用财务管理信息化初期,财务管理信息化活动只在财务部门内部,主要是通过计算机或搭建的网络平台完成财务分析、财务决策、财务预算等活动,为企业管理层提供相关的决策信息。局部财务管理信息化应用的主要内容包括财务分析、投资决策、筹资决策、股利分配和经营决策五个方面。

1．财务分析

在局部财务管理信息化应用中，财务分析主要以财务报表及其他资料作为主要依据和分析起点，主要通过比较分析法或因素分析法，分析、评价企业过去及当下的经营成果和财务状况，以了解企业过去的经营状况和财务状况，对当前企业经营情况进行评价，以便对企业未来经营状况进行预测，帮助企业改善经营决策。

2．投资决策

为使企业经济资源得到增值，企业会进行一系列的投资活动。根据投资的形式不同，投资可分为实物投资与金融投资两种。经济资源是企业的稀缺性资源，因此企业投资会首先考虑投资的有效性和投资效率。在财务管理信息化环境下，企业会利用计算机网络系统，采用更加先进的方法和手段分析投资项目的财务可行性，为企业制订投资决策提供科学、准确的信息支持。

3．筹资决策

为了满足企业的资金需求，需要进行筹资活动、集中资金。在财务管理信息化环境下，筹资决策的核心内容是确定企业的资本结构，选择恰当的筹资方式，此外还负责明确企业资金需求量、长期负债比例规划等。

4．股利分配

股利分配实质上是筹资活动的延伸。企业在获取利润后，会根据股利分配原则将一定股利发放给股东，其余利润会继续使用在企业投资活动中。

5．经营决策

经营决策囊括了企业日常生产、经营活动中的各种决策。传统手工操作中，财务部门与其他部门之间的信息联系较少，缺乏有效沟通，财务部门也很少会参与到企业的生产、经营决策中。而在财务管理信息化环境下，企业财务部门能够与其他部门取得有效的信息交流，使财务决策与生产、经营决策实现有效协作，共同完成企业战略决策。如在制订采购计划时，会根据企业成本规划控制现金支出。

二、局部财务管理信息化的实现策略

局部财务管理信息化主要面对临时性、偶然性的财务管理需求，或独立的财务需求，多采用灵活的方法和手段，但缺乏系统性。因此，在局部财务管理信息化应用中，财务管理信息化主要通过计算机网络平台，面向决策需求制作决策模型，快速生成决策所需的辅助决策结果。

（一）通过工具软件构建财务管理模型

在局部财务管理信息化应用阶段，通过工具软件构建财务管理模型的流程。

1. 数据获取

在这一模式下，由于缺乏覆盖企业范围的网络平台和数据仓库技术的支持，财务决策与控制所需的基础数据并没有独立的存在，而需要依赖于其他信息系统提供，在局部应用阶段，数据获取的主要方式如下。

在局部财务管理信息化应用中，由于财务管理信息化仅局限于财务部门，没有构建覆盖整个企业范围的数据仓库和网络平台，因此财务决策与财务控制所需的各项基础数据都要从其他信息系统中获取，获取方式主要通过手工录入、查询导出、数据库导出和通过工具软件获取外部数据四种方式。其中，手工录入、查询导出以及数据库导出都是一次性获取数据的方式，而通过工具软件获取外部数据的方式是一种动态获取数据的方式，但应用难度比较大，使用者需要熟练掌握 SOL 语句，并且能够识别会计信息系统的数据库结构。

2. 工具软件的选择

在局部财务管理信息化应用中，财务管理活动主要通过 Excel 等工具软件实现。这些工具软件能够提供大量的计算方法和分析方法，既能完成简单的计算工作，还能够完成数据统计、分析、预测等任务，同时具备线性规划、单变量求解、数据透视等功能。除了具备强大的数据处理功能外，这些工具软件还能为决策模型提供构建平台。在财务管理中，大多数决策模型都以图标的形式构建，因此，应用于局部财务管理信息化中的工具软件都具有强大的图形制作功能与制表功能，能够支持决策模型的构建。除上述功能之外，一定的数据获取能力也是工具软件需要具备的，可以在一定程度上获取支持决策信息的基础数据。实际上，在财务管理信息化的初期阶段，获取有效的支持决策数据是影响决策效果的主要因素。尽管工具软件具备一定的数据获取能力，在一定程度上能够获取不同层面的相关数据，但软件本身的数据存储能力与数据管理能力较差。由于决策过程的特征，管理信息化系统相比于会计信息系统具有更加强大的交互能力，能够确定用户的决策需求，动态地获取支持决策的各项数据，最终生成科学的决策结果。因此，在局部财务管理信息化应用中，以 Excel 为代表的工具软件是实现简单财务决策和财务分析的良好工具。

3．构建模型

上面我们提到，Excel 具有强大的数据处理功能和简单、方便的操作界面，是局部财务管理信息化应用中构建财务决策模型的常用工具软件之一。通过 Excel 构建财务管理决策模型主要有五个步骤。下面做简单的概括介绍。

步骤一，根据财务管理理论构建决策所需的数学模型，数学模型是构建财务决策模型的关键环节。

步骤二，确定数学模型中的参数、参数的来源及获取参数的途径。通过 Excel 获取参数的途径有三种：手工录入、外部数据导入和外部数据。对于少量零散的数据可以直接通过手工录入的方式获取；批量数据可以通过财务软件将数据转化为中间数据状态，再通过 Excel 软件的"外部数据导入"功能将数据导入软件，或者通过 Excel 的"建立查询"功能，构造 SOL 语句直接获取外部数据。

步骤三，设计决策模型表格。在 Excel 中，决策过程与决策结果通常以表格的形式表现，设计的表格要能清晰、直观地反映数据计算的经过，既便于理解又能反复多次利用。在常用的决策模型中，通常会用两个或多个表格分开表达决策参数和决策结果，并且设置一定保护措施保护公式单元和计算结果单元，避免数学模型被破坏，同时设计良好的展示界面方便使用者更好地理解决策过程和决策结果。

步骤四，定义公式。Excel 具有强大的计算功能，提供了丰富的运算函数。在定义公式时可以充分、灵活地使用这些函数，使公式更加容易理解。

步骤五，计算并以直观的形式表达。使用 Excel 建立的决策模型通常以图表的形式分析数据、表达计算结果，因此使用图表（如直方图、饼图、折线图、散点图等）展示复杂决策模型的分析结果或计算结果是必须的环境。

4．模型调用

执行制作好的模型并生成计算结果，或者为模型编制目录和调用界面，方便反复使用和执行。

（二）通过二次开发技术实现部分财务管理功能

随着用户需求的多元化、复杂化发展，软件的功能可能无法完全满足用户的需求，因此需要对原软件进行补充、开发、改进或取消某些功能，使其能够满足用户的需求，这个过程就是二次开发。合理利用企业已有的财务软件，通过二次开发可以增加满足企业需求的功能。

1. 二次开发的条件

进行二次开发，首先要考虑是否具备二次开发的条件及二次开发的技术可行性。一般来讲，对软件进行二次开发需要具备一定的开发条件或具备二次开发的技术可行性。通常可以进行二次开发的软件需要具备五个条件。

第一，拥有标准的数据接口，标准数据接口可以与其他系统连接共享各种数据。

第二，具备能够提供中间层部件的较为先进的开发工具。

第三，具有较强的可执行性，能够支持多种数据库，可以在多种操作环境下使用多种数据库的数据。

第四，具有较强的灵活性，可以进行多种自定义操作。

第五，具有开放的基本数据结构，用户可以从数据库中直接读取数据。

2. 二次开发的实现策略

通过报表软件也可以进行二次开发。通过财务软件提供的报表系统进行二次开发目前是一种较为简单的二次开发手段。一款良好的报表软件既能提供强大的财务报表定义能力，也具备二次开发的数据接口，可以通过这个接口编辑简单的命令和程序代码。通过报表软件实现的二次开发能够与会计信息系统实现更为良好的连接，能够直接获取所需的基础数据。但报表软件的二次开发能力有限，无法满足企业多样化的财务管理需求。通过工具软件实现二次开发。微软公司为其 Office 软件开发了一种编程工具 VBA，在使用 Excel 处理比较复杂的财务管理工作中被广泛应用。

VBA 的软件风格和方法类似于 Visual Basic，是面向对象的编程技术，能够提供可视化编程环境，可以帮助用户实现简单的程序开发。

随着科技的发展，会计软件的功能更加强大和完善，能够满足企业更多的个性化需求，有越来越多的信息系统提供了二次开发的平台，如金蝶 K/3BOS 商业操作系统。这款操作系统是金蝶 ERP 解决方案的技术基础，能够快速完成业务单据、报表、业务逻辑的制作，并能通过一系列一体化设计满足企业多样化、个性化需求。

3. 二次开发的实现步骤

步骤一，了解企业在数据综合利用方面的各种需求，明确二次开发的功能。

步骤二，原软件的技术分析，充分了解原软件的工作原理、数据结构、技术参数等。

步骤三，结构设计，包括数据接口设计、功能设计、数据处理流程设计、数据存储设计、显示设计、输出设计等。

步骤四，编制程序，满足企业的个性化需求。

步骤五，系统测试，对开发程序的稳定性和正确性等进行验证，及时发现系统漏洞及与原软件的连接问题。

步骤六，系统的运行与日常维护，保障系统安全、稳定地运行。

三、局部财务管理信息化应用模式评价

在企业实现财务管理信息化的初级阶段，局部财务管理信息化的应用具有较高的推广价值和应用价值，具有应用灵活、易于移植的优势。

局部财务管理信息化应用可以通过工具软件或二次开发等途径实现，具有较强的灵活性，也符合财务管理、财务决策、财务分析等活动的特点，容易实现，涉及的技术也比较简单。尤其是在缺乏信息系统统一规划的环境下，能够克服财务管理信息系统的功能缺陷，能够满足企业的个性化需求，具有较强的实用价值。在企业应用财务管理信息化的初级阶段，财务决策与财务分析几乎不需要有投入，决策模型较为容易移植。但从长远来看，局部财务管理信息化应用存在一定缺陷。首先，缺乏统一的数据平台，决策缺乏系统性。财务决策的制订需要大量的数据支持，在现行的会计系统中，由于没有统一的数据平台，缺乏前期的统一规划，因而增加了数据获取的步骤和难度，采集的数据对决策的支持也不强。在调用决策模型时，数据的获取通常以手工或半手工的方式实现，大大降低了数据的可靠性。此外，决策模型的运行是孤立的，限制了决策行为的系统性。

其次，缺乏财务控制功能。决策与控制是财务管理的核心内容，局部财务管理信息化应用缺乏有效的财务控制，因此无法形成完整的财务管理体系。财务控制职能的实现在客观上需要系统化、程序化的财务管理信息系统，而通过工具软件或二次开发等途径实现的局部财务管理信息化应用无法满足财务控制职能的客观需求。

综上，局部财务管理信息化应用适用于企业财务管理信息化的初级阶段，面对临时性、偶然性的财务决策，是在缺少完整财务管理信息系统的时候采取的权宜之计。

第三节　集团及供应链级财务管理信息化应用

一、集团企业财务管理信息化应用

随着全球经济一体化的程度不断加深，集团企业的作用日益凸显。可以说，集团企业的竞争已经成为各国经济实力竞争的表现。从我国集团企业目前发展来看，仍存在管理水平滞后、财务管理水平不高的情况。集团企业的发展离不开高水平的财务管理，实施财务管理信息化是推动企业财务管理发展的重要途径，也是集团企业财务管理的必然选择。

集团企业是现代企业的一种高级组织形式，通过资产、技术、产品等将多个企业联合在一个或几个大型企业的周围，形成一个稳定的多层次经济组织。按照内部联结纽带的不同，可将集团企业大致划分为股权型、财团型、契约型；按照内部机构设置的不同，可将集团企业划分为依附型和独立型。

（一）集团企业财务管理

集团企业财务活动主要有四个层次，分别是母公司层、子公司层、关联公司层和协作公司层。其中，母公司层和子公司层的财务活动是集团企业财务管理活动的主要内容。相比于独立企业，集团企业的财务管理内容更加复杂，难度更高。

1. **集团企业产权管理**

（1）产权关系。集团企业财务管理的核心内容就是母子公司投资管理关系。从内部产权关系看，母公司具有控制、监督子公司经营活动的权利，以此确保母公司投入资本的安全性，并能根据股东权益获取相应收益，保证子公司的经营目标与母公司总体战略目标的一致性。

（2）产权结构。产权结构是形成企业母子公司关系的纽带，在设置产权结构时要充分考虑母公司与子公司的关系。母公司以集团企业的战略目标与发展规划为出发点，将持有的有形资产、无形资产、债权资产等向子公司投资，形成产权关系，并依法对子公司的经营活动进行约束和控制，进行间接管理。子公司获得母公司的投资资产的实际占有后，仍然独立经营，实现母公司的资产经营目标。在设置产权结构时，母公司应积极引导子公司寻求多元化的投资，形成多元化的产权结构。

2．集团企业筹资管理

资本融通和资本管理是集团企业筹资管理的主要内容。其中，资本融通是十分必要的，能够实现资本的互助互济和互惠互利。资本融通包括三种基本方式：外部资本融通、内部资本融通和产融结合化。选择恰当的资本融通方式，做好集团企业资金的全过程管理、统一管理和重点管理。

3．集团企业投资管理

母公司将有形资产、无形资产、债权资产等投入子公司，成为子公司的股东并根据股权大小行使所有权职能。子公司是这些投入资产的实际占有者，享有资产占有权和使用权，并对公司债务承担有限责任。从资产管理关系上看，母公司对资产具有约束力，可以实施间接管理。子公司尽管是资产的实际占有者，但不能脱离母公司的产权约束，实现绝对的独立经营。母公司与子公司之间资产关系的协调是实现母子公司双方利益的重要前提。

在确定了母子公司投资管理关系明确的前提下，集团企业可对子公司的资产进行管理。集团企业会从投资机会、投资方向、投资规模、定投资项目四个方面进行投资决策。

4．集团企业内部转移价格管理

成员企业在集团企业内部转让中间产品的价格就是内部转移价格。制定转移价格是内部转移价格管理的关键。在制定转移价格时要在确保集团企业利益的前提下做到公平、公正、合理。

5．集团企业收益分配管理

集团企业收益分配要注意两个主要方面：一是集团企业与国家利益间的利益分配；二是集团企业核心层与紧密层的利益分配。集团企业与国家利益间的分配体现了国家与集团企业的财政分配关系，集团企业核心层与紧密层的利益分配才是集团企业利益分配的核心内容。

6．集团企业财务监控

（1）人员监控。集团企业可以通过对子公司财务人员的管理实现对子公司财务活动的监控，通过集中管理或双重管理制度实现集团企业内部财务人员的垂直管理。

（2）制度监控。根据集团企业的经营管理需求和自主理财的需要，可以补充制定内部财务管理制度和会计管理制度，进一步规范集团企业内部不同层次企业的财务管理工作。

（3）审计监控。通过内部审计的方式可以增强对集团企业内部财务监督的力度。审计监督工作要有完整健全的审计机构，明确审计监督的重点和要点。

（二）集团企业财务管理信息化

1. 集团企业财务管理信息化的概念

集团企业财务管理信息化即现代信息技术在集团企业财务管理中的应用。在集团企业中，财务管理部门运用现代信息技术将集团企业的各项管理流程进行整合，并快速、准确地将充分的信息提供给集团企业的各层管理者，同时，还能通过对财务管理信息的分析与加工对集团企业财务活动进行有效的控制、分析和评价，在整体上提高集团企业的财务管理水平。

2. 集团企业财务管理信息化的作用

在集团企业实行财务管理信息化的作用主要体现在四个方面。

第一，财务管理信息化能够极大地提高集团企业管理数据处理的速度和效率，有效提高管理数据的准确性。

第二，财务管理信息化能够提高集团企业财务管理的质量和水平，现代信息技术的应用使繁杂的财务管理工作简化、快捷，减轻了财务管理工作人员的工作负担和劳动强度。

第三，财务与管理信息化能够增强集团企业管理能力、控制能力以及应对风险的能力。财务管理信息化能够转变传统财务管理事后分析、事后管理的情况，做到实时监控，提高了集团企业的决策水平。

第四，与时俱进的财务管理理念能够促进集团企业管理层理念和观念的更新，推动集团企业在财务管理方式、财务管理理论上的创新和发展，从而推动集团企业财务管理水平的不断提高。

3. 集团企业财务管理信息化的内容

集团企业财务管理信息化涉及的范围广，工作内容多。从横向上看，集团企业财务管理工作有资金管理、全面预算、合并报表等方面。从纵向上看，集团企业财务管理主要有财务总部、子公司财务总部、子公司核算部门等多个层次。集团企业财务管理信息化的内容可以归纳为四个主要方面：

第一，通过现代信息技术建立、健全、管理和维护集团企业财务管理信息系统。

第二，加强对集团企业财务管理信息资源的综合开发，优化资源配置与利用。

第三，转换集团企业财务管理模式和业务流程，使集团企业财务管理工作的各流程进行整合与集成。

第四，加强财务管理信息化人才的培养。

二、价值链及财务管理信息化应用

（一）价值链及财务管理信息化的主要内容

1985 年，美国哈佛商学院的迈克尔·波特在他的著作《竞争优势》中提出了价值链的概念。在迈克尔·波特看来，设计、生产、经营、交货等是每个企业都会经历的过程，企业就是包含这些过程以及对产品起辅助作用的各种相互分离的活动的集合，这些相互联系的能够创造价值的活动构成了企业的价值链，并分布在企业生产、经营活动的各个环节，从原材料的获取到产品的销售。后来波特在此基础上提出了分析价值链的方法，将企业活动分解成若干个部分，考察各部分本身以及部分之间的关系来衡量企业竞争优势。波特指出，价值链不是孤立的，它存在于企业价值链、供应商价值链、渠道价值链、买方价值链等共同构建的价值链系统之中。企业的价值链是动态的，能够反映企业的发展历程、战略以及战略的实施方法。

随着产业分工的不断细化，企业内部不同类型的价值创造活动逐渐发展为构成上下游关系的多个企业的活动，共同创造价值。生产特定产品或围绕某种特定产品需求所形成的互为基础和依赖的链条关系就构成了产业链。本节所说的价值链就是基于产业链的价值链。基于价值链的财务管理的内容主要由价值链的成本控制、财务协同、财务决策构成。

1. 价值链成本控制

上下游企业之间通过协同活动控制成本，从而提高价值链的竞争优势，获取超额利润，这是价值链的核心所在。所以，成本控制是价值链上各企业关注的重点。不同于单个企业的成本控制，价值链成本控制是通过供应链的合理控制与规划实现的，以此降低价值链上企业的采购成本，进而降低价值链的成本。

2. 价值链财务协同

价值链财务协同是指价值链上各企业间相互交换财务信息并通过网络财务平台实现线上支付。

3. 价值链财务决策

价值链财务决策的主体和决策目标与单体企业和集团企业不同，价值链上的企业仍然可以按照个体价值最大化制订决策，但在执行决策时需要考虑到其他企业的反应，所以价值链财务决策属于博弈性决策。

（二）价值链及财务管理信息化的实现策略

根据价值链的特点，价值链财务管理信息化的实现策略呈现为由核心企业主导和无核心企业主导两种形式。

1. 由核心企业主导的价值链财务管理

当价值链上的某个企业处于支配地位时，就确定了该企业在价值链财务管理中占主导地位。通常会由核心企业确定价值链财务管理模型并构建财务管理平台，加入价值链的其他企业也必须接受核心企业制订财务管理标准并进行交易活动。例如，某产品的销售代理企业，可以登录该产品的生产企业的财务信息化平台进行产品的订购、结算和销售。

2. 无核心企业主导的价值链财务管理

当价值链上没有企业处于支配地位时会实行无核心企业主导的价值链财务管理模式。这种模式的实现需要较高的信息化程度和良好的信息化运行环境，如推行数据与信息的交换标准、接口标准等。价值链上的企业都按照制订的标准处理、交换信息和数据，或者通过第三方提供的财务管理平台进行财务管理活动。

参考文献

[1]　赵丽 . 我国公益类事业单位财务管理问题研究 [D]. 北京：财政部财政科学研究所，2012.

[2]　刘永君 . 上市公司财务审计与内部控制审计整合研究 [D]. 重庆：西南大学，2013.

[3]　廖菲菲 . 内部控制审计、整合审计对财务报表信息质量的影响 [D]. 成都：西南财经大学，2014.

[4]　邢萌 . 上市公司整合审计业务流程优化问题研究 [D]. 杭州：杭州电子科技大学，2014.

[5]　张莉 . 财务报表与内部控制整合审计流程设计及应用 [D]. 兰州：兰州理工大学，2014.

[6]　谢林平 . 论内部控制审计与财务报表审计整合的意义与流程 [J]. 北京：中国内部审计，2015（8）：90-93.

[7]　李哲 . 财务报表审计和内部控制审计的整合研究 [D]. 昆明：云南大学，2015.

[8]　黄雅丹 . 我国上市公司财务报表审计与内部控制审计整合研究 [D]. 长春：吉林财经大学，2014.

[9]　罗娜 . 整合审计在我国会计师事务所的运用研究 [D]. 成都：西南财经大学，2013.

[10]　吴俊峰 . 风险导向内部审计基本问题研究 [D]. 成都：西南财经大学，2009.

[11]　丁晓靖 . 电力基建项目全过程财务管理体系研究 [D]. 北京：华北电力大学，2014.

[12]　钟健 . 河北国华定州电厂（2X600MW）工程基建管理信息系统（MIS）的设计与实现 [D]. 成都：四川大学，2014.

[13]　林少伟 . 广东粤华公司 2×660MW 基建项目信息化管理应用研究 [D]. 保定：华北电力大学（河北），2012.

[14] 侯禹辛. ZH 公司对 A 公司进行筹资租赁的财务风险研究 [D]. 天津：天津商业大学，2015.

[15] 夏斌斌. 价值链视角下筹资租赁企业税务筹划研究 [D]. 天津：天津商业大学，2015.

[16] 武军. 煤炭企业财务风险内部控制体系研究 [D]. 天津：天津大学，2011.

[17] 袁清和. 基于作业的煤炭企业成本管理体系研究 [D]. 青岛：山东科技大学，2011.

[18] 王明芳. 我国电商企业信用管理体系的研究 [D]. 南京：南京林业大学，2015.

[19] 任立周. 我国事业单位财务管理现状及对策研究 [D]. 太原：山西财经大学，2011.

[20] 长青，吴林飞，孔令辉，崔玉英. 企业精益财务管理模式研究——以神东煤炭集团财务管理为例 [J]. 管理案例研究与评论，2014，7（2）：162-172.

[21] 段世芳. 新会计制度下财务管理模式探讨 [J]. 企业经济，2013，32（3）：181-184.

[22] 邓瑜. 制造型企业财务内控管理中存在的常见问题与解决措施 [J]. 企业改革与管理，2017，11（17）：182，206.

[23] 梁银婉. 商业银行财务会计内控管理中存在的问题与优化 [J]. 时代金融，2017，27（20）：126.

[24] 朱莉. 制造型企业财务内控管理中存在的常见问题与解决措施 [J]. 企业改革与管理，2017，15（11）：134-136.

[25] 杨寓涵. 浅析商业银行财务会计内控管理中存在的问题与对策 [J]. 纳税，2017，28（16）：60.

[26] 孙丹丹. 内控制度在行政事业单位财务管理中的具体应用 [J]. 财经界（学术版），2017，24（5）：87-88.

[27] 崔慧婷. 论医院财务管理中的会计审核及内控制度 [J]. 财经界（学术版），2016，11（12）：230.

[28] 帅毅. 基于责任中心管理的高校财务管理体系探索 [J]. 财务与会计，2016，15（21）：59-60.

[29] 呼婷婷. 基于 Web 的高校财务管理信息系统报表设计与研究 [J]. 电子设计工程，2017，25（10）：41-43.

[30] 刘充.我国高校财务管理制度研究述评——基于CJFD（2006—2015）的文献计量分析 [J].教育财会研究，2017，28（3）：12-16.

[31] 吴俊文，段茹楠，张迎华.高校校院两级财务管理体制改革理论基础探析 [J].会计之友，2017，21（8）：113-117.

[32] 李小红，王杰斌.广西区内外高校财务管理比较及启示 [J].教育财会研究，2016，27（4）：17-25.

[33] 梁勇，干胜道.高校财务管理新思考：构建财务服务创新体系 [J].教育财会研究，2017，28（1）：10-16.

[34] 王巍.中国并购报告2006 [M].北京：中国邮电出版社，2006.

[35] 哈特维尔·亨利三世.企业并购和国际会计 [M].北京：北京大学出版社，2005.

[36] 财政部会计资格评价中心.中级财务管理 [M].北京：经济科学出版社，2017.

[37] 上海国家会计学院.价值管理 [M].北京：经济科学出版社，2011.

[38] 宋健业.EMBA前沿管理方法权变管理 [M].北京：中国言实出版社，2003.

[39] 侯书森，等.权变管理 [M].北京：石油大学出版，1999.

[40] 徐政旦.现代内部审计学 [M].北京：中国时代经济出版社，2005.

[41] 胡建山.实用医院经济活动内部控制管理规程 [M].天津：天津科学技术出版社，2010.

[42] 财政部会计司.行政事业单位内部控制规范讲座 [M].北京：经济科学出版社，2013.

[43] 方周文，张庆龙，聂兴凯.医院内部控制规范实施指南 [M].上海：立信会计出版社，2013.

[44] 张晓玉，方培元.医院管理会计学 [M].北京：北京人民卫生出版社，2013.

[45] 徐元元，田立启，刘鹏涛，等.医院会计管理 [M].北京：企业管理出版社，2015.

[46] 蒋占华.最新管理会计学 [M].北京：中国财政经济出版社，2014.

[47] 唐清安，韩平，程永敬等.网络课堂的设计与实践 [M].北京：人民邮电出版社，2003.

[48] 王伯庆.2011年中国大学生就业报告 [M].北京：社会科学文献出版社，

2011.

[49]　许尔忠，等 . 走向应用型 [M]. 武汉：武汉大学出版社，2015.

[50]　宋丽群 . 财务管理 [M]. 北京：北京大学出版社，2011.

[51]　戴士弘 . 职业教育课程教学改革 [M]. 北京：清华大学出版社，2007.

[52]　陈岚，陈代清，张进 . 实用医院财务管理 [M]. 北京：中国财政经济出版社，2006.

[53]　财政部会计司编写组 . 企业会计准则讲解 [M]. 北京：人民出版社，2007.